/100位

为新中国成立作出突出贡献的英雄模范人物/

关 向 应

王 晶/编著

★

吉林文史出版社

图书在版编目（CIP）数据

关向应 / 王晶编著. -- 长春：吉林文史出版社，
2011.4（2022.4重印）
（100位为新中国成立作出突出贡献的英雄模范人物）
ISBN 978-7-5472-0531-0

Ⅰ．①关… Ⅱ．①王… Ⅲ．①关向应（1902～1946）—
生平事迹 Ⅳ．①K827=6

中国版本图书馆CIP数据核字(2011)第050694号

关向应

GUANXIANGYING

编著/ 王晶

选题策划/ 王尔立　责任编辑/ 王尔立

装帧设计/ 韩璘

出版发行/ 吉林文史出版社

地址/ 长春市福祉大路5788号　邮编/ 130118

电话/ 0431-81629363　传真/ 0431-86037589

印刷/ 天津海德伟业印务有限公司

版次/ 2011年4月第1版 2022年4月第6次印刷

开本/ 640mm×920mm　1/16

印张/ 9　字数/ 100千

书号/ ISBN 978-7-5472-0531-0

定价/ 29.80元

《100位为新中国成立作出突出贡献的英雄模范人物》丛书

★★★★★

编 委 会

/100位

为新中国成立作出突出贡献的英雄模范人物/

八女投江	于化虎	小叶丹	马本斋	马立训	方志敏
毛泽民	毛泽覃	王尔琢	王尽美	王克勤	王若飞
邓　萍	邓中夏	邓恩铭	韦拔群	冯　平	卢德铭
叶　挺	叶成焕	左　权	诺尔曼·白求恩		任常伦
关向应	刘老庄连	刘伯坚	刘志丹	刘胡兰	吉鸿昌
向警予	寻淮洲	戎冠秀	朱　瑞	江上青	江竹筠
许继慎	阮啸仙	何叔衡	佟麟阁	吴运铎	吴焕先
张太雷	张自忠	张学良	张思德	旷继勋	李　白
李　林	李大钊	李公朴	李兆麟	李硕勋	杨　殷
杨子荣	杨开慧	杨虎城	杨靖宇	杨闇公	萧楚女
苏兆征	邹韬奋	陈延年	陈树湘	陈嘉庚	陈潭秋
冼星海	周文雍、陈铁军夫妇		周逸群	明德英	林祥谦
罗亦农	罗忠毅	罗炳辉	郑律成	恽代英	段德昌
贺　英	赵一曼	赵世炎	赵尚志	赵博生	赵登禹
闻一多	埃德加·斯诺		夏明翰	格里戈里·库里申科	
狼牙山五壮士	聂　耳	郭俊卿	钱壮飞	黄公略	
彭　湃	彭雪枫	董存瑞	董振堂	谢子长	鲁　迅
蔡和森	戴安澜	瞿秋白			

前　言

　　每个人的心中都多少有一点英雄情结，都向往英雄、景仰英雄。也正因此，在中华人民共和国建国六十周年之际，由中央十一部委联合组织开展的"100位为新中国成立作出突出贡献的英雄模范人物和100位新中国成立以来感动中国人物"的评选活动中，群众参与投票总数近一亿。这其中的每一张选票，都表达了人们对英雄模范的崇敬之情，寄托着对伟大祖国的美好祝福。

　　一个民族不能没有英雄，否则这个民族就不会强大。当国家危难之时，懦弱者选择了逃避、妥协甚至投降，英雄们却挺身而出，用热血捍卫民族的尊严，人民的幸福。在创立和建设新中国的伟大历程中，涌现出无数可歌可泣的英雄模范人物。他们之中，有为了民族独立和人民解放而英勇牺牲的革命先烈，有为了党和人民的事业而不懈奋斗的优秀共产党员，有在全民族抗战中顽强奋战、为国捐躯的爱国将士，有英勇杀敌的战斗英雄和革命群众，有积极从事进步活动的著名民主爱国人士和国际友人……他们是民族的脊梁、祖国的骄傲，是激励全体人民团结奋斗的精神力量。

　　《100位为新中国成立作出突出贡献的英雄模范人物传记》丛书，就像一部星光璀璨的英雄谱，真实、完整地记录了英雄模范人物不平凡的一生，再现了他们非凡的人格魅力和精神世界。"头颅可断腹可剖"的铁血将军杨靖宇，"毫不利己，专门利人"的白求恩，"抗战军人之魂"张自忠，"砍头不要紧"的夏明翰，"俯首甘为孺子牛"的文化斗士鲁迅……一串串闪光的名字，一个个动人的故事，犹如群星闪烁，光耀中华。

　　如今，战火已熄，硝烟已散，英雄已逝，我们沐浴在和平的幸福之中。在和平年代，人们不会忘记为今日的和平浴血奋战的英雄们，英雄的故事永远不会结束。让我们用英雄的故事唤醒我们心中的激情，为中华民族的伟大复兴而奋斗。

生平简介

关向应（1902-1946），男，满族，辽宁省金县人，中共党员。

关向应1924年春加入中国社会主义青年团。同年冬，赴苏联学习。1925年1月加入中国共产党。五卅运动后回国，在上海从事工人运动和共青团工作。在中共"六大"上当选为中央委员、中央政治局候补委员。会后任共青团中央委员会书记。1929年1月任中共中央军委委员、中央军委常委、中央军事部副部长。1930年任中央政治局候补委员、中央政治局委员等。1930年冬任中共中央长江局军委书记。1932年任中共中央湘鄂西分局委员、湘鄂西军事委员会主席、红三军政委、红二军团副政委。1935年11月，同贺龙、任弼时等指挥红二、六军团开始长征。长征途中，同张国焘分裂党和红军的行径作了坚决斗争。后任红二方面军政委、中革军委委员。全国抗战爆发后，任八路军第一二〇师政委，参与创建晋西北抗日根据地。1940年2月起任晋西北军区政委、晋绥军区和陕甘宁晋绥联防军政委、中共中央西北局委员、中共中央晋绥分局书记。由于长期艰苦的战斗环境，积劳成疾，1941年秋到延安休养。1946年7月21日在延安病逝。中共第六、第七届中央委员，第六届中央政治局候补委员、委员，中央军委委员、常委、书记。

1902-1946
[GUANXIANGYING]

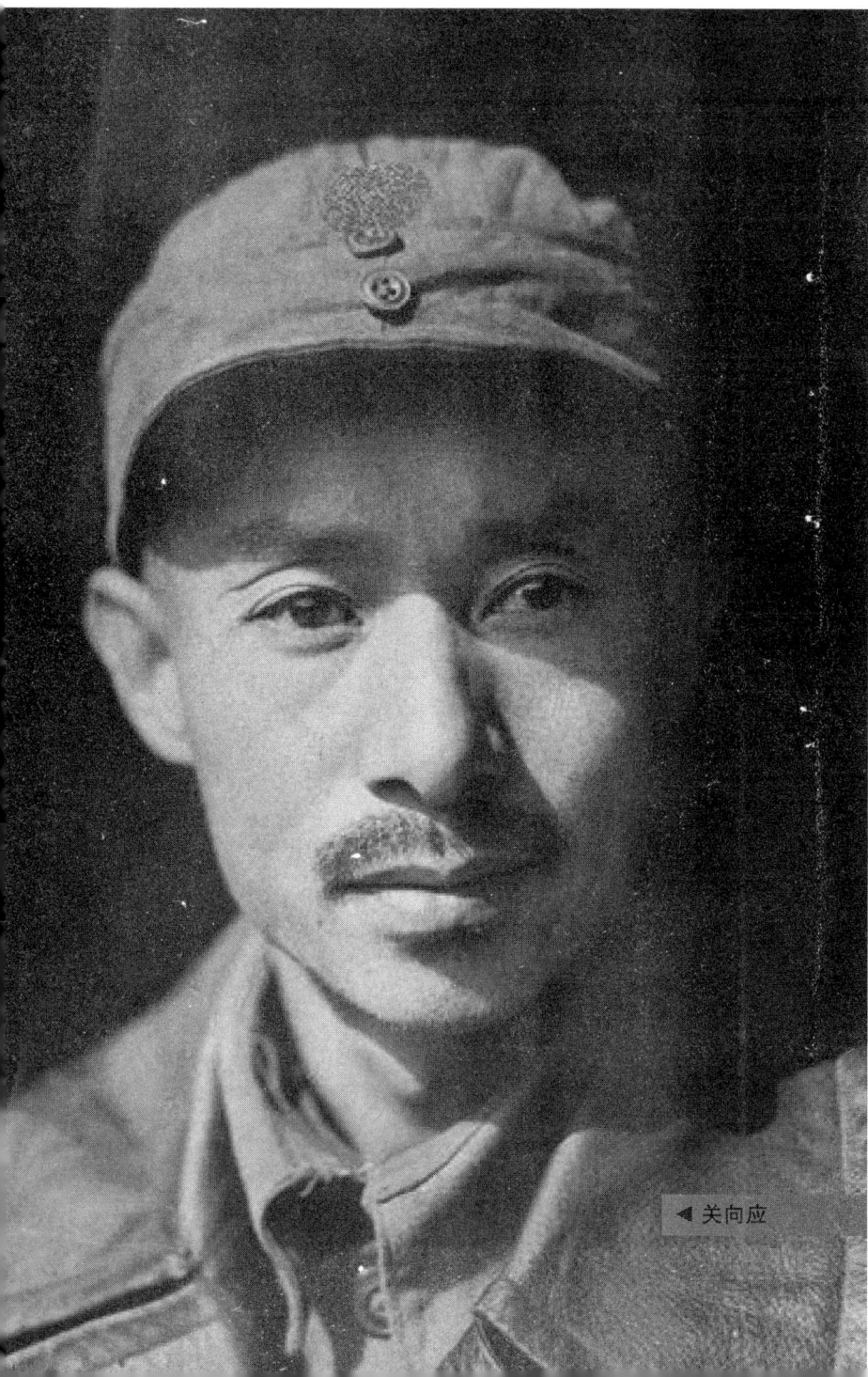

◀ 关向应

目 录 MULU

革命到底的关向应（代序）

　　用"革命到底"概括关向应同志的一生，应该是恰当的。关向应虽然出身贫寒，但酷爱读书，渴望获得更多的知识，在获得了知识的同时，萌生了追求真理的理想。他立志，要将不平的世道"平一平"。在共产党人李震瀛和陈为人的引导下，积极投身革命，先是入上海大学读书，后入苏联东方共产主义劳动大学接受马克思主义思想教育，为日后成为无产阶级革命家奠定了政治思想基础。

　　在风起云涌的大革命时期，关向应全身心投入到反帝反封建、争取中国人民翻身解放的伟大革命事业之中，无论是做共青团的领导工作，还是从事党的领导工作，他都能自觉地以马克思主义理论为指导，从中国革命的实际出发，发挥主观能动作用，卓有成效地为革命事业作出了不懈的努力和应有的贡献。

　　在与李立三、王明"左"倾路线斗争中，他及时纠正自身的"迷误"，勇于进行批评和自我批评，同党内大多数同志一起，同"左"倾错误进行了坚决的、毫不妥协的斗争，尽己所能，为保存和发展壮大革命力量，争取革命斗争的胜利，作出了艰苦卓绝的努力。

　　当他身陷囹圄，在穷凶极恶的敌人严刑拷问面前，坚贞不屈，严守党的秘密，凭借自身的勇敢机智和党组织的积极营救，终于脱离了虎口，使党的组织免遭破坏，保护了同志的安全。

关向应同志从事党的军队政治工作以后，无论是在创建湘鄂西、湘鄂川黔边革命根据地的斗争中，还是在长征中与张国焘分裂党、分裂红军、另立"中央"的严酷斗争中，事事以马列主义为指导，服从党中央的领导和指挥，以坚强的党性，以严格的组织原则约束自己的言行，维护党的团结统一，与同志们一起做好军队的政治工作，为中国革命赢得胜利，作出了卓越的贡献。

在伟大的抗日战争中，关向应同志与贺龙同志并肩作战，为冀中、晋西北抗日根据地的建设，为打击和消灭日本侵略者，取得抗日战争的伟大胜利，日以继夜、废寝忘食、呕心沥血而拼命地工作，以致身染肺病以身殉职。

关向应同志出身贫寒，从事革命之初，文化程度并不高，但是他学习态度端正、学习目的明确。多年的革命工作实践，使关向应养成了从书本中汲取营养，从实践中撷取有益的东西，坚持理论联系实际的学风，用革命的理论指导革命的实践，不断为革命实践作出有益的尝试和探索，这是关向应增长才干，为革命事业不断作出新贡献的成功经验。

我们从关向应身上，能够汲取很多很多有益的东西，如学习态度的端正，学习目的的明确，理论与实际相结合，用理论指导实践，再用实践使理论更加完善，使理论对实践有更好的、正确的指导作用。

时代潮流滚滚向前，世界发生着日新月异的变化。在不断前进与发展变化的现实面前，不论是什么人，都是要向前走的。我们要向关向应学习，有追求，有目标，有努力奋斗的方向。

黑暗中求索

(1902—1923)

品学兼优的学生

★★★★★

（0—10岁）

关向应原名叫关治祥，也叫关致祥，满族人。满族姓瓜尔佳氏，笔名始炎、仲冰，化名有李世珍或李仕珍、小关、西一、郑勤、秦涛等。

关向应的笔名，是发表文章用的。而化名，则是为了党的地下工作的需要。

1902年9月10日（农历八月初九），关向应出生于辽宁省金县大关家屯的一户农民家里。他的父亲叫关成贵。关成贵年轻的时候过继给他的四叔，接续了四叔家的香火，后来也就顺理成章地继承了四叔的十几亩贫瘠的土地。关成贵会织布，白天给别人家织布，夜晚则到自家的田地里干农活。即便这样没黑没白地辛苦劳累，也难以维持八口之家的温饱。后来，日本以及其他外国洋布的倾销泛滥，请关成贵织布的人越来越少了，最后只好放弃了织布的行当，只有在土地里找活路了。这样，日子更加艰难。关向应的母亲文氏，是一位勤俭朴实的农村妇女，她带着五个孩子，操持家务，帮助丈夫干田里的活计。

在关向应兄妹五人当中，关向应排行老大。他从六七岁的时候起，就跟着父亲下田劳动。他懂得，自己帮助父亲干一点活，就能为父母减轻一点负担。

在贫寒的生活中，关向应养成了勤劳俭朴的生活习惯。他很少穿新衣服，穿的都是拆旧翻新的衣服,虽然经常是补丁摞补丁,但总是整整齐齐、干干净净。为了省鞋，他走路专门找草地走；夏天早晨露水大，他干脆光脚走路或干活。同龄人一年总要穿好几双鞋，他一双鞋还穿不坏。上学以后，一张白纸在他手里也成了宝贝，他总是在上面一遍一遍地练习写大字。

关向应从小养成的勤劳俭朴、刻苦自励的品德，参加革命以后更加发扬光大，体现在他的生活的点点滴滴里。

1912 年，10 岁的关向应终于上学读书了。这可是关家的一件大事。家境贫困，使关家祖祖辈辈都没有一个念书识字的。关向应读书专注、刻苦，有时一夜不睡。他是个品学兼优的学生，不仅学习成绩好，各项活动也积极参加。他的毛笔字有力而秀美，经常热心帮助乡亲们写字。他的画也好，深受师生们的喜爱和好评。

→ 平一平世道

★★★★★

（11—18岁）

关向应的读书生涯，其实应该分两个阶段：第一阶段是读私塾，只是断断续续地读了几年。第二个阶段，当他 12 岁的时候，进入了日本侵略者办的小学校。他在后来的《自传》里曾这样写道：

"我 12 岁时入日本办的专以教育中国人的普通学校（初级小学）。四年毕业，后复入大连公学堂（高等小学），二年毕业。我在这六年中所受教育完全是侵略式的教育，书报都看不明白，国内的情形一点不晓得，思想完全是奴隶的。当我毕业后学堂就把我送一日本商店服务，才做了一个月，因与日本人冲突就辞了。"

1918 年 4 月，关向应考入普兰店公学堂。

△ 大连伏见台公学堂课堂授课时的情景(大连伏见台公学堂：日本殖民统治时期官立的中国人两级小学，1906年6月创办，校址在今西岗区广和街)

在这里，他不但功课学得扎实，还读了不少历史书籍和古典小说。他读书认真，并养成了掩卷思考的习惯。他经常被书中那些英雄豪杰反抗强暴、杀富济贫的英雄事迹所感动。他自觉接受古典小说的积极影响，养成了正直公道、抱打不平的勇敢精神。当他看到日本帝国主义横行霸道，又见大绸缎庄的资本家一个个肥头大耳，而到处可见的乞丐讨饭的情形，两相对比，他感到不平。于是，他对父亲说："你看普兰店大绸缎庄，有多少钱啊！可是为什么还有这么多要饭的人！等我长大了再说！……"他对父亲把这种现象解释为"命中注定"，是不认同的。

1920年4月，关向应以优异成绩考入大连伏见台公学堂附设商业科。在这里，他在看到很多新事物的同时，也逐渐认识到了城市贫民的痛苦生活并不亚于在死亡线上挣扎的农民。让他欣喜的是，五四运动激发了广大人民和进步青年学生的爱国热情，反对卖国的"二十一条"的游行，反对日本教师殴打学生的罢课斗争，关向应都站在最前列。巡捕无故殴打学生，关向应挺身而出，与其进行坚决的斗争，终于取得了胜利。对关向应仇恨富人的思想，奶奶有些担心，问关向应对富人的财富眼热不眼热，关向应却回答说：

"我不眼热，也不稀罕。东家场院上的粮仓，不是东家自己劳动得来的，我们不能像东家那样，靠别人养活。为什么都是人，他们就该有钱，我们就该受穷。这是世道不公平！等我长大了，非要给它平一平，让大家都有吃的，都有穿的。"

→ "我不当鬼子差!"

★★★★★

（21岁）

1923 年 3 月，关向应从伏见台公学堂附设商科毕业之后，先在日本人办的日华兴业株式会社当了一个月的杂役。"因与日本人冲突"，他毅然辞职回乡，帮助父亲种地。

听说关向应回乡务农，亲日的亮甲镇事务会会长、大地主巴树声主动托人找到关向应的父亲，聘请关向应到他的事务会当书记。书记这个职务，有钱有势，是令一些人羡慕、垂涎的美差。关向应的父亲虽然替儿子答应了这份差事，却遭到了关向应坚决的拒绝。关向应对父亲说：

"给日本人做事，我不干！"

父亲见儿子如此态度，火气就上来了，

问儿子道：

"这个好差事你不干，还想干什么？"

关向应说："不管怎么说，我不当鬼子差！"他见父亲余怒未消，就耐心地开导父亲说："钱对生活来说是重要的，可是并不是那么神圣，不能为了钱，昧着良心做奴才。"

关向应的话，掷地有声，父亲也不得不服气。他不禁联想起自己的人生经历，种田只能在晚上，白天还得给人家织布。而洋布进了中国之后，手工织布的技术也就被人家废了，自己只有专事务农。可是，生活还是像从前一样贫苦。对比儿子，他想到很多，儿子有了文化，也就有了志向。看起来，没有文化，连黑白都分不清哟！他感叹着，羡慕地望着儿子。

有用的人，是不会被无端埋没的。经人介绍，关向应到《泰东日报》做事。虽然都是些杂活，可关向应还是比较满意的。后来，关向应回忆这段生活经历时说："我在《泰东日报》住了一年。在这一年中，因时与知识阶层接近，到现在能看书看报，都是这一年中得来的，同时我学印刷亦是这一年中与印刷工人接近感觉到的。"他继续说道："我从学校出来时，看书、看报、写信等都不能。及到《泰东日报》住了一年，自己练习到现在还可以看书。"

不给鬼子当差，是关向应朴素的爱国思想的体现。而酷爱读书学习，则是关向应日后走向革命，成为无产阶级革命家最初的思想基础。

➡️ 第一次知道列宁

★★★★★

（21岁）

如今的中国人，几乎没有不知道列宁的。可是，在20世纪初，确切地说，是在苏联十月革命的当时，恐怕没有多少人知道列宁。在1919年11月28日的《泰东日报》上，关向应读到了一篇《六个月的李宁》的文章。"李宁"是日语"列宁"的音译。这篇文章介绍的革命理论有力地吸引着关向应，列宁的光辉形象，引起了他的敬仰。文章以朴实的语言，简略而真实地介绍了列宁的工作和生活，给人以深刻的印象。尤其是文章的末尾，作者联系中国的现实说道："我们中国的将来，是很艰难的。不论是政治革命、社会革命，我们不可不先有李宁行事的精神、态度、意志、方法。"不仅是当时，即便如今看来，文章作者的洞察力和预见性，都是不同凡响的。

后来，关向应一直很关注介绍有关列宁的文章，如傅立鱼在 1924 年 2 月《新文化》上发表的《列宁氏逝世》悼念文章中说："吾人对此惊天动地一代风流之凋谢，能不寄以深挚之感悼哉？"文章作者介绍了列宁的生平及俄国十月革命以来的成就，颂扬了列宁的新经济政策。作者赞颂列宁道："在有记载之人类历史上，如列宁之鼓动民众执行勇敢的彻底的政治主义，前此未有足与匹俦者。"

进步书刊的新思想、新观念，启发着关向应，使他的思想不断进步。由此，他更加关心国家大事，更加努力地学习，并投入更多的精力去为真理而斗争。

1923 年 5 月 4 日，关向应参加进步青年纪念五四集会。他在集会上发表了演说。他说："如果没有五四运动，我们中国就不能前进，那古老的落后的面貌就不能改变。五四运动是中国人民反帝反封建的一次伟大革命运动。"他还说："根据十月革命的经验，中国要富强起来，就必须将工人阶级组织起来，成立自己的组织，领导人民去同军阀、日寇、地主和资本家作斗争。"最后，关向应勉励大家说："我们不能像过去那样，醉生梦死地过日子，要起来斗争，胜利一定是属于我们的！"

迎着曙光走去

（1924—1927）

→ 成为上大的学生

★★★★★

（22岁）

关向应开始走上革命道路，是由于结识了李震瀛和陈为人。这两个人当时的公开身份是新闻记者。在李震瀛那里，关向应接触到了《向导》和《新青年》等刊物。读了这些刊物，使关向应认清了救国救民的正确道路，懂得了要救中国，就必须有共产党的领导和马克思主义的指导。从此，他同大连的一些进步青年，团结在李震瀛和陈为人等人的周围，开始从事秘密的革命活动。

1924年4月，经李震瀛介绍，关向应加入中国社会主义青年团。入团以后，李震瀛动员关向应去上海参加革命工作。去上海之前，关向应回家向亲人辞行，他告诉父母，自己这次去上海，是去找共产党，去黄埔军校学习，为了能帮助穷人摆脱穷困和压迫，实现自己救国救民的理想与抱负。他语重心长地对父亲说：

"几个妹妹将来结婚，不要找有钱人家。咱们家穷，闺女到了那种人家要受气的，要找个劳动人家。"

关向应对政治上的认识，体现在他对生活的态度上，足见其非凡的见解。

1924年5月，关向应来到上海进了上海大学。其间，他学习了马克思主义理论，又参加了共产党所领导的革命斗争。虽然他在上海大学学习时

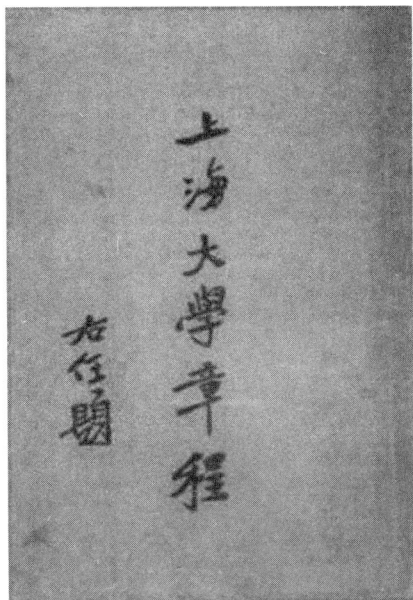

▷ 于右任题上海大学章程

间不长，但却在斗争中经受了锻炼，提高了政治觉悟，思想上有了明显的进步。

其实，当时的上海大学，是中国共产党和中国国民党合作创办的一所学校，在第一次国内革命战争期间，曾产生了很大的影响。中国共产党早期的著名领导人、理论家、活动家和教育家瞿秋白、蔡和森、邓中夏、恽代英、萧楚女、张太雷等都曾在这里任职任教。上海大学不仅培养了大批优秀的共产主义战士，为中国的新民主主义革命作出了贡献，而且也创造性地对无产阶级教育制度进行了探索，在中国现代教育史上占有一定的地位。

→ 在莫斯科东方大学

★★★★★

（22—23岁）

1924年秋天，中共中央派关向应前往苏联，进入莫斯科东方劳动者共产主义大学学习。学校生活仍然是艰苦的，但是，他像其他刚到苏联的中国青年一样，亲眼看到了十月革命后苏联的一切，感到什么都是好的，都是新奇的。物质生活虽然艰苦，但精神是愉快的。他刻苦学习革命理论，思想觉悟有了进一步提高。1925年1月，他加入了中国共产党。由于国内形势有了迅速的变化，在五卅运动开始不久，关向应便中断了在苏联的学习，回国参加革命斗争。

→ 在五卅运动中

☆☆☆☆☆

（23岁）

关向应从苏联回到上海后，开始在沪东区青年团部委工作。1925年1月26日至30日，在上海召开了青年团第三次代表大会，决定将"中国社会主义青年团"改称"中国共产主义青年团"。

五卅运动时期，关向应在工作中深入群众，认真细致。虽然身处繁华的大都市，却仍旧保持勤俭朴实的劳动人民的本色。他做过做饭的大师傅，卖过报纸，忍饥挨饿，把挣来的钱交给党组织，作为革命活动经费。他的生活十分艰苦，一年四季总是穿着一件旧夹袍，外罩一件蓝布大褂。他对人态度和蔼，平等待人。工作坚持原则，认真负责，给同志们留下了极其深刻的印象。据女共青团员李伯钊回忆，她刚从重庆到上海，本来要进上海大学读书，但关向应建议她到工人区域去走走，比进学校有意思! 李伯钊对关向应的意见不赞同，但这毕竟是组织的决定，她不好回绝，只好去了。她回忆道：“他屡次耐心地说服我，称赞我的极微小的工作成绩。……不过他始终是坚持着要我在工人群众中工作，锻炼我，拒绝我进学校的要求。……我不能忘记他是如何耐心正确地培养青年革命同志的啊! ”

李伯钊当时对关向应没有安排她进上大读书是有想法的，但后来的实践证明，大革命时期党的根本任务，就是解决如何深入群众，了解群众，动员、组织和团结群众问题，只有把群众真正动员起来，才能将革命的烈火燃烧起来。这样的问题如今看来是简单明了的道理，但在五卅运动期间，有许多人都没能很好地解决这个问题。而关向应的言行充分表明，他对革命需要深入群众、依靠群众的认识是深刻的。

→ 两次在山东的斗争

★★★★★

（23-24 岁）

1925 年 7 月，关向应以共青团特派员的身份前往山东，担任中共山东地方执行委员会委员，中国共产主义青年团济南地方执行委员会负责人。在白色恐怖中，关向应不畏艰险，深入山东全省各地，建立党、团基层组织，恢复工人组织。经过艰苦的工作，青岛全市团支部由一个很快增加到九个，团员由二十一人增加到八十三人，七家纱厂有六家恢复了青年团组织。

1926 年 2 月，军阀张宗昌通缉关向应，他被迫离开山东，回到上海。这一年的秋天，关向应再次到山东，负责党和共青团的领导工作。他坚持深入实际，深入群众，经常化装到工人中间去。这个时期，他的工作非常紧张，生活也十分艰苦。他的行装单薄，从不讲究穿着，吃饭也常常是烧饼就咸菜加开水。尽管这样，他从不以此为苦。

关向应善于接近群众，也善于团结各个阶层的爱国人士。他通过党员鲁伯峻认识了其父鲁佛民。利用其国民党青岛市党部委员的合法身份创办了育英小学，还在工人区办了三义小学，在校内安置了国民党左派人士和共产党员，成为共产党活动的秘密据点。关向应经常对鲁佛民讲述政治形势和共产党的革命主张。受关向应的思想影响，鲁佛民也参加了共产党。抗日战争爆发后，鲁佛民去了延安，后来到陕甘宁边区政府工作。他和关向应在延安重逢，异常激动，回忆起在青岛、济南的那段经历，鲁佛民对关向应愈发的钦佩和敬重。

关向应在实际工作中，注重调查研究，根据调查得来的第一手资料，经过去粗取精、去伪存真、由表及里的深入分析研究之后，形成调查文章，为制定工作方针政策提供真实可靠的依据。他善于总结经验，勤于写作，经常撰写文章在党刊党报上发表。1926 年 6 月 20 日，他在《中国青年》第 124 期上发表题为《日本帝国主义势力下的山东》一文，深刻剖析了日本帝国主义"维持其特殊利益,"在青岛进行的侵略罪行以及青岛工人阶级和各界人士所进行的反抗斗争。同时，他在这篇文章中，总结了五卅运动中青岛两次大罢工的经验教训，指出："工人阶级经过这次运动，更认清了他的敌人，更增加了革命的决心。况且这次运动的结果，资产阶级方面并未丝毫让步，工人生活仍是未得到改善，痛苦还是有加无减，在客观上工人仍是革命的。"事实上也是如此，黑暗社会，与广大劳苦大众为敌的剥削阶级，不是一两次罢工就会轻易让步或妥协的。因此，动员广大的劳苦大众起来革命，是革命初期最紧迫的任务。

→ 参加共青团"四大"

★★★★★

（25—26岁）

1927 年 2 月，关向应再次遭到军阀张宗昌的通缉，离开山东回到上海。不久前往武汉，参加了在武汉召开的中国共产主义青年团第四次全国代表大会，并当选为共青团中央委员、常务委员。会后，关向应留在武汉工作，参与领导当地的职工运动，参与领导青年工人、学徒的经济斗争。

1927 年 6 月 20 日，他又在《中国青年》上发表题为《武汉童工争得八小时工作以后应有的努力》一文，一面欢呼武汉童工取得的这次胜利，指出虽然不能对"这一小小的胜利"感到满足，但也应当看到，"这在中国职工运动史上总算是破天荒的创举"，"这一小小的胜利是童工血汗的积累，是童工在

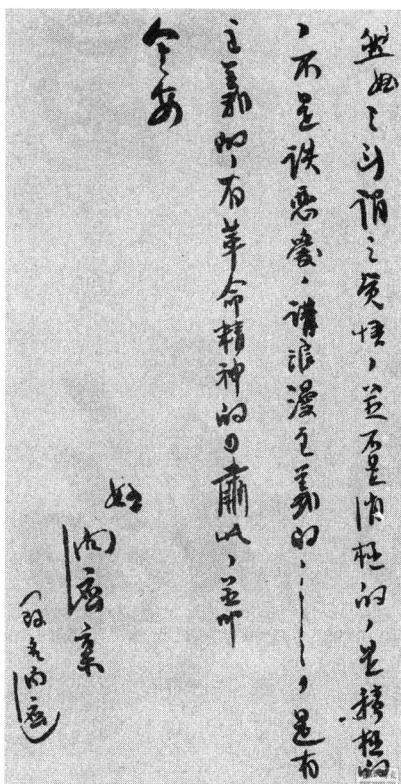

▷ 关向应手札

革命过程中勇敢牺牲争得来的一点结果"。同时，他严肃地批评了所谓的"过火"的论调，他写道："奇怪! 在童工受极残酷压迫时，从没有人起来替童工叫屈，等到童工起来要求解放的时候，便有人起来说童工行为'过火'，这在反动派造谣离间是不足为奇的，而居然也在革命者口说出，真是令人莫名其妙!"

他在文章中指出，必须要经过剧烈的斗争，

才能打破厂主店东与工人之间那种封建式的主奴关系，而不能对厂主店东抱丝毫的幻想。他主张童工与厂主店东之间的斗争要继续下去，不仅要真正实现八小时工作，而且还要争取教育、休息等合法权益，"这是武汉童工当前重大任务"。其实，这不仅是武汉童工斗争的重大任务，也是全国工人阶级斗争的重大任务。

经历坎坷磨难

(1927—1931)

→ 把握转折方向

★★★★★

（26岁）

从 1926 年 6 月至 1927 年 3 月这一期间，中国革命的形势一直很好。在中国共产党的推动下，广州国民政府颁布出师北伐的动员令。北伐军相继出动，战争顺利发展，北伐军迅速占领了长江流域。北伐军先后攻占了武汉、九江以及南昌和南京，并直逼上海。中国共产党领导上海工人举行第三次武装起义，终于取得了辉煌的胜利，上海得到了解放。就在北伐军不断取得胜利，全国人民为北伐的胜利欢欣鼓舞的时刻，天真的人们怎么也不会想到，先是蒋介石露出了真正的反革命嘴脸，于 1927 年 4 月 12 日发动了反革命政变，在上海进行了反革命大屠杀；1927 年 7 月 15 日，汪精卫集团也在武汉公开叛变革命，进

行反革命屠杀。在"宁可错杀千人，不可使一个漏网"的反革命口号下，疯狂地屠杀共产党人和革命群众，白色恐怖笼罩全国。第一次大革命失败，中国革命处于紧急关头。

面对蒋介石、汪精卫反革命政变，1927年8月7日，中共中央在汉口召开紧急会议，即八七会议。在这次会议上，批判并纠正了陈独秀右倾机会主义错误，确定了土地革命和武装反抗国民党反动派屠杀政策的总方针。

党的八七会议确定的总方针，是"以革命的两手，对付反革命的两手"的集中表现。

其实，在党的八七会议之前，由周恩来、贺

龙、叶挺、朱德、刘伯承等领导的国民革命第二十军、第四军、第十一军各部及南昌军官教导团举行了南昌起义。从此，中国人民在中国共产党领导下，进入了同国民党军阀进行武装斗争和深入开展土地革命的新的历史时期。

在这种背景下，关向应做了两个方面工作：

1927年的六七月间，受中共中央的委派，关向应到中共河南省委工作。八七会议之后，河南省委派关向应到武汉向中央汇报工作。他向中央汇报工作主要想解决的问题是：明了中央的政治路线，并且要求中央给河南调派军事干部以及建立与中共湖北省委的关系。中共中央在听取关向应的报告并讨论后，于1927年8月14日发出了给河南省委的信。

在1927年年底，关向应从河南回到上海，担任中国共产主义青年团中央局组织部长。

党的八七会议总结了大革命失败的教训，纠正了陈独秀右倾机会主义的影响。大革命的失败，使相当一部分团员在思想上产生了混乱，产生了一些错误观念，共青团的工作遇到了很大的困难。到团中央工作后，关向应协助任弼时从思想上和组织上整顿共青团，纠正了共青团内部的错误，使得共青团在中国革命的转折关头，在中国共产党领导下发挥了坚强的战斗作用。

→ 扮演重要角色

★★★★★

（27岁）

在党的"六大"和共青团"五大"上，关向应都担当了很重要的角色。这两次会议，都是在苏联召开的。

党的"六大"，关向应参加了大会领导和组织工作，当选为大会主席团成员，并分别担任大会的政治委员会、军事委员会、组织委员会、职工运动委员会和湖北问题委员会委员，并且还是青年委员会的召集人，在会上作了青年运动问题的报告。

在党的"六大"会议上，关向应当选为中央委员；在党的六届一次全会上，他当选为政治局候补委员，并任中央军委委员。

党的"六大"闭幕不久，中国共产主义青年团第五次代表大会在莫斯科召开。这次大会的中心任务是：总结共青团"四大"以来的工作经验和教训，根据党的"六大"所制定的路线和方针、政策，确定共青团的工作任务。关向应参加了大会并任共青团中央执行局书记。

关向应在莫斯科还参加了共产国际第六次代表大会。他在这次会上发了言，根据中国共产主义青年团的斗争经验，对大会上的有些发言提出了不同意见。他认为，共青团的工作，是党的全部工作的一部分，而不应该把共青团组织和党的组织对立起来。"加强对团员的政治教育，提高他们的政治觉悟，并且把这些任务和日常实际工作结合起来，这就是当前中国共青团的主要任务之一。"他指出，布哈林仅仅指出了中国共产党内有"左"的危险不够全面，他认为："事实表明，由于纠正中国共产党内的'左'倾，又出现了右倾。当然，我们应该继续同'左'倾危险作斗争，但是，无论如何也不能忘记右倾的危险。右倾比'左'倾更危险，它可能要重蹈机会主义错误。"

从 1930 年 3 月 19 日至 7 月 2 日，关向应先后在中共中央机关报《红旗》上发表《论武装工人的问题》、《红军问题》、《从上海经验中论武装工人问题》、《论士兵暴动》、《同路人的叛变》等文章，由于当时关向应受到李立三"左"倾错误的影响，上述这些文章里表现出某些迷误。关向应受李立三"左"倾错误的影响，是他思想上产生迷误的根源。然而，他善于总结经验，勇于实践，并没有停留在原地，而是坚持不懈地追求进步，探索真理，在革命战争的烈火中磨炼出他的铮铮铁骨，在艰苦卓绝的斗争中熔铸了对党的耿耿忠心，终于成为卓越的无产阶级革命家。

▷《红旗》第一期

→ 历经严酷斗争

★★★★★

（28 岁）

革命斗争本来就是严酷的。1930 年的武汉，白色恐怖异常严峻。此时，关向应正在这里参加中共长江局和长江局军委工作，担任的都是书记。当时的工作不好做，人数不多，党员只有二百多人，赤色工会会员只有五十多人，革命骨干力量十分薄弱。

当时，中国共产党内出现了李立三"左"倾冒险主义错误。实际上掌握中共中央领导实权的李立三，特别强调城市武装暴动的重要性，认为它是实现其推翻国民党统治建立革命政权的主要手段。1930 年 6 月 11 日，由李立三主持在上海召开了中共中央政治局会议。这次会议通过了《新的革命高潮与一省或几省的首先胜利》的决议，对于中国革

△ 中共中央长江局机关旧址

命形势、性质和任务等问题，提出了一整套的错误主张，标志着李立三为代表的"左"倾冒险主义错误在党中央占了统治地位。李立三还错误地制定了以武汉为中心的全国总暴动和集中全国红军进攻中心城市的冒险计划，幻想能够"会师武汉，饮马长江"。随后，又决定中共中央政治局、组织局停止工作，将共产党、青年团和工会的各级领导机关，合并为准备武装起义的各级行动委员会，使一切日常工作陷于停顿。

关向应出席了由李立三主持召开的这次中央政治局会议，于1930年8月6日被派往武汉工作。8月19日，中央总行动委员会决定将总行动委员会委员由原来的 14 人扩大到 21 人，关向应也成为总行动委员会委员。

由于不顾客观实际，在敌强我弱的极为不利的情况下，仍旧要举行示威等活动，结果很多党员和领导干部惨遭敌人的公开杀害。

1930 年 8 月上旬，周恩来根据共产国际指示，和瞿秋白先后从莫斯科回国纠正李立三的"左"倾冒险主义错误。周恩来任中央政治局常委兼军委书记，首先在实际工作中纠正"立三路线"，以减少损失。8 月 22 日，周恩来向政治局传达了共产国际政治秘书处于 7 月 23 日通过的《关于中国问题决议案》。决议案强调："此刻还没有全中国的客观革命形势"，"第一等的任务"是"建立完全有战斗力的政治上坚定的红军"，共产国际认为中共中央 6 月 11 日决议后的布置是错误的。

共产国际《关于中国问题决议案》经政治局讨论后，立即致函长江局，制止武汉暴动。8 月 26 日至 9 月 4 日，中共中央接连给长江局发出四封信。9 月 1 日，中共中央致长江局的信指出："今天在武汉还不能暴动，还不是暴动的前夜。"周恩来为中央起草的 9 月 4 日致长江局指示信中指出："你们一切工作计划，最中心的缺点是在布置暴动上做文章，而忘掉积极准备武装暴动是要动员最广泛的群众，从斗争中锻炼自己，组织自己，认识党的领导与接受党的口号。""斗争力量和组织基础必须从日常斗争、罢工与示威之不断开展中培植起来。"周恩来代表中

央派遣中央军委参谋长刘伯承去长江局任军委书记，贯彻共产国际指示，停止执行武汉暴动计划。

1930 年 9 月 24 日至 28 日，中国共产党在上海召开六届三中全会。会前，在瞿秋白、周恩来等主持下，根据共产国际的指示，已经纠正了部分"左"倾错误。六届三中全会进一步批评以李立三为代表的"左"倾错误，停止了李立三等组织全国总起义和集中全国红军进攻中心城市的冒险行动。关向应没有出席这次会议，六届三中全会改选了中央政治局，关向应当选为政治局委员。

→ 巧计全力营救

★★★★★

（28岁）

1931年4月，顾顺章被捕叛变。由于事情发生得突然，关向应没有及时得到通知，在他到一个党的秘密联络点联系工作的时候，被当场逮捕。

关向应被捕以后，被关押在公共租界的英国巡捕房。面对敌人的审讯，面对敌人的酷刑，他坚贞不屈，严守党的秘密。关向应看到敌人还不了解他的真实身份，便化名李世珍，说他是刚从外地来沪谋生，有亲友住在酱油店附近。他来酱油店，是想打听亲友的具体住处。然而，敌人从他的住处抄走了一大箱文件，这些文件非常重要。因此，营救关向应迫在眉睫。

营救关向应，大约用了半年的时间。

▷ 陈赓

关向应被捕以后，主持中共中央特委工作的周恩来立即责成陈赓设法营救。当时，陈赓在中央特科负责情报工作，并协助周恩来主持特科的日常工作。

陈赓遵照周恩来的指示，先叫杨登瀛去巡捕房打探情况。杨登瀛是蒋介石正式任命的国民党驻沪特派员，上海的重要案件都由他处理。他是中央特科在敌人专业反共机关建立的第一个反间谍关系。所谓"敌中有我"，在杨登瀛身上，得到了很好的体现。

杨登瀛去巡捕房了解情况，收获不小。他了解到，经过初审，巡捕房并未弄清楚被捕者的身份；英国人对从关向应住处抄去的那一大箱子文件很感兴趣。但是，文件那么多，他们的中文水平很低，难以分辨哪些文件是重要的，天天围着这个箱子打转转，却想不出鉴别的好办法来。

陈赓将有关关向应的情况汇报给周恩来。周恩来对营救关向应作出了这样的指示：先从这批文件入手，抢在敌人弄清楚之前，先把被抄去的文件箱中的机密文件搞出来。

陈赓根据周恩来的指示，找到杨登瀛，要他到英国巡捕房去想办法。杨登瀛从巡捕房回来告诉陈赓，关向应被捕后，国民党一直想把这批文件弄走，却遭到了英国巡捕房的反对，他们之间正为此而争论。英国人认为，案子是他们破获的，不愿意把文件交给国民党。根据杨登瀛提供的线索，陈赓要杨登瀛去找英国巡捕房探长兰普逊，并让杨登瀛告诉兰普逊，这些文件很重要，同时表示愿意帮助他鉴别这些文件。兰普逊正想从这些文件中挑出重要文件据为己有，他就答应了杨登瀛。但杨登瀛与兰普逊表示，自己事情很多，鉴别文件的事情，自己不能亲手去做，而只能帮助兰普逊另想办法。

陈赓把杨登瀛去做兰普逊工作的情况报告给周恩来，周恩来的意见是，让陈赓选派合适的人，去英国巡捕房"鉴别"文件。陈赓派中央特科情报科副科长刘鼎前去"鉴别"。刘鼎按照周恩来的交代，将手抄的机密文件藏在身上，带了回来。刘鼎告诉兰普逊，这批文件大部分都是学术资料，并将手中的几张油印的文件冲兰普逊扬了扬说："这几份我带回去看看！"

营救关向应的第一步已经如期迈出。接着，陈赓叫杨登瀛告诉兰普逊，那个叫李世珍的人，不过是个学者罢了，从他家抄出的文件，都是学术研究资料。这样，就把英国人敷衍过去了。兰普逊以为关向应既然不是什么重要的犯人，也就把他交给了国民党龙华淞沪警备司令部关押。

然而，此时的关向应，虽然脱离了虎口，却又进了狼窝。

此时此刻，周恩来、陈赓等人都为监狱中的关向应担着心。他们是怕向忠发认出关向应来。

在关向应被捕不久，当时的中共中央总书记向忠发于6月22日在上海被捕。向忠发被捕后马上自首叛变。他向敌人供出了许多党中央的机关和中央领导人的住址，还亲自领着特务抓人。万一向忠发和顾顺章得知关向应在狱中，关向应就有生命危险。周恩来当即叫人用隐语写信给关向应，告诉他顾顺章和向忠发已经叛变。关向应看过信后，对此有所防备。据杨尚昆后来回忆说：向忠发带领敌人到处抓人大都扑了空，又领着特务到监狱去认人。"所幸的是，向忠发过去一直高高在上，他并不认识关在监狱里的同志，所以还是毫无结果。例如，向忠发就没有认出关

◁ 黄慕兰

在狱中的关向应同志。"杨尚昆的话，是对这一事实最切实的证明。

营救关向应的工作，周恩来让陈赓继续去做，用周恩来的话说是害怕"夜长梦多"而发生危险。陈赓把营救关向应的工作，交给了共产党领导的互济总会营救部部长黄定慧。

黄定慧的确是营救关向应的合适人选。

黄定慧也叫黄慕兰，湖南浏阳人，出身名门。黄慕兰的父亲黄颖初是老同盟会员，是旧民主主义时期著名的杰出人物。黄颖初在长沙岳麓书院主任教习时，许多军政界的上层人士和新旧军阀的子女们，都曾是他的学生。因此，黄颖初的社会关系广泛与复杂。黄慕兰在 1926 年加入共青团后不久转为共产党员，曾担任国民党汉口特别市党部妇女部部长。大革命时期，黄慕兰是武汉妇女运动中的知名人物。她认识社会各界的许多上层人士，与妇女界的著名人士宋庆龄、何香凝等都曾有过工作来往。1931 年 1 月，经陈赓提名，周恩来批准她任互济总会营救部部长。

黄慕兰接受了营救关向应的任务以后，立即由当时在中共中央机关工作的吴德峰、戚元德夫妇，将她安置在法租界一个俄国人开的公寓里。黄慕兰在回忆录中这样写道：

我住的地方是地下党的一个单线联系点，必须十分小心隐蔽，不能住机关，不能过组织生活，怕带进尾巴露出行藏真相。那里是（俄国）十月革命后流亡到中国来的白俄贵族、地主开设的一个白俄公寓，三十块钱一个月的房租，连同伙食在内一个月要付八十多块钱，这在当时来讲是很贵的，一般人是住不起的，我是因为掩护工作的需要，全部费用都是由党组织支付的。公寓房间里有电话，联络方便，一旦有事，说走就可以走；室内成套的家具设备，很气派的，因为我要负责对外联络，不能不有一个合乎身份的、可以接待外人的地方，以免引起人们的怀疑。……我们选租的房间，窗户正对着弄堂口，外面路上进来什么人，我从窗口就能发现。为了把我打扮成一个上层妇女，让我烫了头发，穿了半高跟鞋，戚元德还给我做了一件乔其纱旗袍……

为了完成营救关向应的任务，黄慕兰做了比较充分的准备工作。同时，党组织已经选定一位叫陈志皋的年轻进步律师作关向应的辩护律师。经过孙晓村的介绍，黄慕兰和陈志皋见面。

陈志皋是享有盛名的世家子弟，是清朝康熙、雍正年间著名的陈阁老的后代。陈志皋在上海复旦大学读书的时候，思想就比较进步，后来转学到上海法学院求学。他虽然在上海开律师事务所不久，但因他年轻精干，为人正直，很快就在律师界颇有名气。陈志皋的名气，与他的父亲陈其寿有着直接的关系。陈其寿是一位比较开明的法官，虽然已经退休，但当年他曾开释过坚持民族革命的老同盟会的会员。孙中山为此曾亲笔写信给他表示感谢。陈其寿与英、法驻上海领事馆关系很深。早年，陈其寿帮过大流氓黄金荣的忙，搭救过黄金荣的性命。后来，黄金荣就到上海法租界巡捕房做事，先是一般的探员，后来做到了督察长，成为上海帮会里的大亨，蒋介石也曾拜在他的门下。后来，陈其寿调到上海法租界任刑庭庭长。这样一来，陈其寿既管着巡捕房里的人，也算是黄金荣的上司。也就是因为这样的关系，黄金荣见了陈其寿，一向称陈其寿为"恩公"，每逢春节，黄金荣和杜月笙都给陈其寿拜年。后来，陈其寿的儿子陈志皋当律师，到法租界巡捕房办案的时候，黄金荣见了陈志皋，总是很客气地称呼陈志皋为"二少爷。"因为陈其寿毕竟是黄金荣的"恩公"，对于"恩公"家的少爷，客气与帮衬都是很自然的。江湖义气，在这一点上，得到了充分体现。同时，陈志皋的两个姑父也都是法官。综合这些因素，陈志皋家庭背景以及在上海司法界的势力，都是不可小视的。再有，在陈志皋当律师开始挂牌的时候，陈其寿给儿子做了必要的铺垫，他大摆酒席，请了很多亲朋好友，尤其是请了不少上海司法界、金融界以及一些社会名流前来捧场，一时间，原本无名的"二少爷，"很快就被一些人恭维为"大律师"了。

至于说到陈志皋本人，有了以上这些因素，他在上海的活动能量很大。上至上层洋人，下到三教九流，他都能玩得转。同时，他还有一个特点，喜欢读一些进步书刊，乐于结交进步朋友。从某种意义上讲，他的思想是比较进步的。他是中共中央宣传部领导下的外围组织《世界与中国》杂志社的成员。这个杂志的审稿人是孙晓村，陈志皋负责经济事务，杂志编辑部就设在陈志皋家的书房里。陈志皋在租界巡捕房收买了一些关系，先后多次为被捕的我党同志出庭辩护，在营救工作中起了相当大的作用。

请陈志皋出庭为关向应辩护，对于营救关向应，自然是十分有利的。

孙晓村带黄慕兰与陈志皋见面，是在一家咖啡馆里。通过交谈，陈志皋对黄慕兰深有好感，满口答应，愿意为关向应担任辩护律师。并且约定了时间，请黄慕兰到他家里去拜访他的父亲陈其寿，争取得到陈其寿的同情和支持。这样，便于运用陈其寿的影响力，使关向应的案子迅速了结。黄慕兰见陈其寿，也是由孙晓村带着去的。黄慕兰给陈其寿的印象不错，她的身世背景，她的姑表兄李世珍的冤情，以及她的举止言谈，都给陈其寿留下了出身书香门第、书卷气重等好感。也就是因为这些原因，经过请示组织同意，黄慕兰认了陈其寿做干爹。认黄慕兰为干女儿，陈其寿摆了酒席，宴请陈家的本家与亲戚，介绍黄慕兰跟大家见面，并且正式向大家宣布，黄慕兰是陈其寿夫妇的干女儿。

这是营救关向应的又一有利铺垫。

接下来，为了不至于像周恩来说的发生"夜长梦多"的意外，以陈志皋的名义，为一位直接办案的书记官送了四两上好的鸦片，经这个人手，将原先不大一致的口供改为完全一致了。

不久，关向应被营救出狱了。黄慕兰和陈志皋一起把关向应从监狱里接出来，送到早已预定的东方饭店客房。潘汉年已经为关向应买好了换洗的衣服，潘汉年和黄慕兰向关向应介绍了中央部署营救他的全部情况。关向应深为感动，感谢组织和同志们的关心。这样，关向应结束了半年的铁窗生活。

战斗在湘鄂西

(1931—1935)

→ 从"左"倾错误中走出来

★★★★★

（28—29 岁）

1931 年底，关向应受中共中央委派，到湘鄂西苏区工作，先后担任中共中央湘鄂西分局委员、中央革命军事委员会湘鄂西分会主席、中共湘鄂西川黔分会委员；中国工农红军第三军政委、第二军团政委、第二方面军副政委、政委；1932 年 8 月兼任中华苏维埃共和国临时中央政府湘鄂西办事处主任；1934 年 1 月在党的六届五中全会上，继续当选中央政治局委员；在中华苏维埃第二次代表大会上继续当选为中华苏维埃共和国中央执行委员。

1928 年春，贺龙、周逸群、卢冬生等七人，赤手空拳回到湘鄂西。他们以毛泽东领导开辟井冈山革命根据地为榜样，贯彻执行中共中央"发动群众，造成暴动割据局面"的方针，开展了轰轰烈烈的革命武装斗争。虽有波折，几经起落，但是，毕竟在不长的时间里，红军和苏区都有了很大的发展。1930年7月，建立了红军第二军团，以洪湖为中心的革命根据地也日益发展。红二军团由贺龙任总指挥，周逸群任政委，孙德清任参谋长，柳克明任政治部主任。部队很快就扩大到两万多人，工农革命政权也有了很大的发展，红色根据地的范围扩展到十七个县。这个根据地同中央苏区、鄂豫皖苏区、湘鄂赣苏区，构成了对江西、湖南、湖北等省敌占中心城市的战略包围，促进了全国的革命运动。

1932年1月下旬，关向应来到湘鄂西苏区，就任中央军委湘鄂西分会主席、红三军政委，并任中共中央湘鄂西分局委员。湘鄂西已经打退了敌人的三次围剿，敌人还在不断地从四面八方向根据地扑来，红三军一直处在频繁的战斗中。敌人的进攻遭到惨败，红三军巩固了襄河北岸的苏区，恢复了潜江县城，缴枪三千多支，改善了自己的装备，主力部队和地方武装都有了很大的发展。

最初，关向应是支持夏曦的。他之所以支持夏曦，是听从了当时"左"倾中央的错误意见。不过，关向应在很多重大斗争策略上，是从湘鄂西苏区的实际出发的，并与贺龙领导的红三军和苏区人民打退了敌人的进剿计划，使红军有了很大发展，根据地也得到了扩大。他面对现实，从湘鄂西的实际出发，组成了以关向应、贺龙、夏曦、段德昌、万涛五人为核心的军委主席团。本来中央指示湘鄂西军委主席团是由关、夏、贺三人组成，从增加的两名军委主席团成员来看，关向应没有按照"左"倾中央意见，把万涛等干部一棍子打死，而是坚持了团结地方干部的原则。

后来，关向应在实践中愈来愈明确地感到王明"左"倾中央那一套误党误军，不能再继续下去了。他在很多问题上与贺龙、卢冬生的观点是一致的，并且在实际工作中一致行动。夏曦抓住关向应在"立三路线"时期负责中央军委工作，曾经执行过李立三的"左"倾错误路线这一点不放，致使关向应开始时不敢大胆地发表自己的意见。但是，作为红三军主要领导人之一的关向应，由于切身感受到了错误路线造成的严重后果，很快就坚决地转变到正确路线上来，并与贺龙等领导人一起领导红三军逐步摆脱了"左"倾路线的束缚。尤其难能可贵的是，红三军领导路线上的转变是在与中央失去联系、长期偏处一隅的情况下实现的，这就更增加了实行转变的困难性。关向应的这种在实践中认识错误和勇于改正错误的坦荡精神，得到了红三军指战员的敬佩和景仰。

关向应提出扩大苏区，恢复生产，使根据地军民有足够的物质保证，以便改变根据地的局面。他在执行土地革命政策中，反对"地主不分田，富农分坏田"的"左"的土地政策，主张集中打击农民最痛恨的大地主和恶霸，加上正确执行了对地主武装与土匪的政策，大大分化和削弱了敌人的阵营。

→ 与"左"倾冒险主义作斗争

★★★★★

（30岁）

虽然"左"倾冒险主义错误与"肃反"扩大化不可同日而语，但是，这两者产生的直接后果，却都使革命斗争导致失败。前者，失去了湘鄂西苏区，断送了六千多名红军指战员；后者则使一万多优秀的党政工作者和红军干部惨遭"肃反"杀害的厄运。

面对国民党十万兵力进攻湘鄂西苏区的严峻形势，夏曦提出了"寸土必争"、"夺取平汉线"等错误口号和所谓的"在军事上只准打仗，不准修整；只准打大仗、打硬仗，不要游击战争；只准打宜昌、沙市、岳州、武汉，不准打小据点"战略。湘鄂西苏区就是用这样的口号和战略对付武装到牙齿的敌人，结果只有归于失败，丢掉湘鄂西苏区。

关向应支持贺龙提出的集中兵力转移到外线作战，在运动中歼灭敌人的正确意见，但夏曦反对这个建议，他用手里湘鄂西中央分局书记的最后决定权否定了贺龙的意见。夏曦把部队一分为二，一半他带着，结果损失惨重，丢掉了湘鄂西苏区。而由贺龙、关向应带领的部队，跳出了重围，转战潜江、荆门，有力地钳制了敌军的右翼，使敌人不敢南下。然而，当贺龙、关向应转到京山，准备打击敌人左翼的时候，瞿家湾等苏区中心地带已经被敌人占领了。

这无疑是夏曦"左"倾冒险主义产生的必然恶果。

后来的事实充分证明，贺龙的跳出外线作战，在运动中歼灭敌人的意见是正确的。事实也充分证明，在跳出外线作战，部队实行战略转移的过程中，关向应对部队进行深入细致的思想教育工作，起到了保存红三军实力的重要作用。关向应及时召集部队各级干部进行动员说：

"我们是工农的武装，在我们面前没有走不通的路，但我们要做好充分的思想准备，越往前走，困难会越多，这就要求我们的干部吃苦带头，要懂得干部能吃苦，就会使战士少吃苦，要多为部队服务，困难当头，干部要身先士卒，这是我们的光荣。"

关向应不但是这么说的，自己也真的这样去做。

通过贺龙、关向应以及他们带领的全体指战员的共同努力，1933年2月恢复了湘鄂边根据地。由于湘鄂边长期处于反动统治之下，这个地区的人民生活异常困难，加上国民党军队的不断烧杀破坏，红三军的给养遇到很大困难。面对这样的问题，关向应和战士们一样，无论刮风下雨，宿营时铺上草秸，盖上使用多年的破毯子就睡觉。他时刻提醒战士们：我们困难，人民群众更困难。他要求部队不要去扰民，也不要去拿群众的一针一线。当部队离开驻地时，关向应亲自到部队驻地检查执行纪律的情况。为了解决军民食粮问题，关向应亲自动员和组织群众进行生产自救，号召部队利用战斗间隙和军事训练的余暇时间，为群众打草、背炭、挑粪，帮助群众发展生产。同时，他积极发动群众开展土地革命斗争。关向应十分注意土地革命的斗争策略，坚决打击农民最痛恨的大地主和恶霸。经过艰苦的工作，在很短的时间里，就恢复了湘鄂边苏维埃政权。

夏曦一方面执行王明的"左"倾冒险主义，排挤贺龙、关向应，全面推行"左"倾冒险主义；一方面，他在红军中搞"肃反"扩大化，对革命同志残酷斗争、无情打击。夏曦操纵肃反委员会，不受任何约束和监督，随意抓人杀人，甚至捕杀高级干部。在连续四次的大肃反中，红六军的创始人之一，令敌人闻风丧胆的军长段德昌、师长王炳南、红三军参谋长孙德清，政治部主任柳

△ 周老嘴镇老街是湘鄂西苏区首府办公所在地

克明，以及许多革命斗争中立下功绩的干部，都被夏曦背着贺龙、关向应而惨遭杀害。

贺龙、关向应对夏曦肃反扩大化造成的恶果，表示了极大的愤慨，对夏曦为代表的"左"倾冒险主义者进行了坚决的斗争。后来，夏曦为代表的"左"倾冒险主义与"肃反"扩大化发展到了登峰造极的地步，面对贺龙的拍案而起，竟然要对贺龙下手，但贺龙早有提防，使夏曦的阴谋没能得逞。夏曦的疯狂肃反发展到相当程度的时候，他认为什么人都靠不住了，于是要解散党、团组织，并要"创造新红军"。贺龙坚决反对取消党团组织。关向应也是反对取消党、团组织的。后来，夏曦取消党、团组织的主张终于得以实现。他不但解散了党、团组织，还宣布取消各级苏维埃政府，连一些群众性组织也被取消。结果，湘鄂西苏区的党和红军，只剩下三个机构四个党员。

⟶ 红三军的新转机

★★★★★

（30岁）

由于"左"倾冒险主义和"肃反"扩大化作乱，致使红三军只剩下了4000人。此时的夏曦已经一筹莫展，根本打不起精神了。关向应也怀疑红三军是否能自力更生，他对红三军今后的行动，提出了两个办法：一个是进兵川东南，建立新的根据地；另一个是向江西中央苏区和川陕苏区靠拢，以保存革命的力量。

对于关向应的办法，贺龙同意第一个办

法。对于关向应的第二个办法，贺龙给予了批评："为什么一定要靠方面军！难道我们手里拿的不是枪，肩膀上没有扛着脑壳吗？"关向应认识到自己的怯懦，接受了贺龙的批评，声明撤销第二个方案。由于贺龙力争，把恢复湘鄂边的斗争口号改为创造湘鄂川黔边新苏区，并决定首先进军酉、秀、黔、彭。也就是从此时开始，红三军才有了新的转机。

1933年12月下旬，贺龙、关向应率领部队从活龙坪出发，经大路坝、中坝，三战三捷，并攻占了黔江县城，歼灭川军一个团的大部，军心大振。第二年的4月，根据贺龙的提议，决定进军川东南，发展鄂川边苏维埃运动。取得初步胜利之后，夏曦却采取了畏敌逃跑的办法。与贺龙、关向应一心想创建新苏区正好相反。经过贺龙、关向应的共同努力，有了川黔边界部分地盘之后，初步发动群众。关向应与贺龙感到纠正夏曦"左"的错误，恢复党、团组织，创造苏区的时机已经成熟。

由关向应主持召开具有重大历史意义的湘鄂西中央分局会议，也叫"枫香溪会议"，对于夏曦的"左"倾错误，进行了严肃的批评。开始，夏曦老调重弹，重复"地形不好，敌情严重"那一套，不同意停止肃反，主张上梵净山。关向应、卢冬生同贺龙一道，与夏曦激烈争辩，经过论战，夏曦的意见被否定了。他不得不在某些问题上接受了一些正确的意见。这次会议决定：第一，红三军停止无休止的转移，在黔东一带扎下来，创建新的革命根据地；第二，恢复红三军中的党、团组织和政治机关；

第三，抽调干部、战士组成干部大队，分赴各县，发动和武装群众。

枫香溪会议具有深远的意义，产生了巨大的作用。它是关向应与贺龙等领导同志依靠自己的力量战胜王明"左"倾冒险主义的伟大胜利，是红三军摆脱"左"倾桎梏的重大转折。

▷ 枫香溪会议纪念碑

→ 红二、红六军团会师南腰界

★★★★★

（31—32 岁）

1934 年 10 月 26 日，任弼时带领的红六军团与贺龙、关向应带领的红二军团会师南腰界。在会师联欢大会上，任弼时宣读了中共中央庆贺两军胜利会师发来的贺电，宣布红三军恢复红二军团番号，贺龙任军团长，任弼时任政委，关向应任副政委；并以红二军团为总指挥部，由贺龙、任弼时、关向应统一领导和指挥红二军团和红六军团两个军团的行动。

红二、六军团会师以后，关向应针对变化了的情况，对指战员做了大量的思想教育工作。他教育二军团指战员，要虚心向六军团的指战员学习，取长补短，共同前进。他严格要求二军团指战员，教育他们要克己宽人。当军团之间发生问题的时候，他总是先做自我批评，检查主观方面的原因。他把部队的紧密团结看成是加强党的领导和革命斗争发展的关键。他在发展和巩固根据地的斗争中，协助任弼时、贺龙做了许多工作。两个军团会师后在统一指挥下亲密团结，协同作战，在向湘西进军中接连取得胜利。

关向应的坚强党性、平易近人的作风，给红六军团的同志留下了深刻印象。当时担任红六军团军团长的萧克同志回忆说：

我和关向应同志第一次见面是 1934 年 10 月下旬，是在二、六军团于贵州东部会师的时候。会师

△ 1934年红二、六军团会师地点木黄镇

之前，曾听到弼时同志讲向应是东北人，满族，长期做青年团工作，曾赴莫斯科学习，近几年才转到湘鄂西和红军。这些介绍，使我对这位北方同志颇有好感。二、六军团会师之后，在贺龙、任弼时和他的领导下向湘西进军，建立了湘鄂川黔边革命根据地。此后举行长征，一直到陕甘宁大会师。这时期我们一起走了好多路，打了好多仗，商量好多问题，相互之间有了更多的了解。我觉得，他是个无产阶级党性坚强的好革命家、好领导人。同他相处，平易亲切。

从 1934 年 11 月到 1935 年 1 月，红二、六军团在贺龙、任弼时、关向应指挥下，攻势凌厉，把大批国民党军队吸引到自己方面来，钳制了敌人正规军十几个师，出色地完成了策应中共中央和红一方面军突围远征的艰巨任务。同时，从 1934 年 10 月到 1935 年 10 月，二、六军团从会师时的八千人发展到两万一千多人。

在长征路上

→ 在湘中的重要作用

红二、六军团在贺龙、任弼时、关向应的带领下，向湘黔边境作战略转移，或者到黔东石阡、镇远、黄平一带建立新的革命根据地。不过，也就在这个时候，红二、六军团忽然接到周恩来从甘南发来的明码电报，询问红二、六军团的情况。贺龙、任弼时、关向应都很高兴，随即以任弼时的名义用密码回电报。可是，此时中央军委电报的密码本被张国焘截占，周恩来无法译出，却被张国焘的电台给译出了。第二天，张国焘用红军总政委的名义和朱德司令员共同署名，给任弼时复电，从而割断了二、六军团同中央军委的电讯联系。接着，张国焘又给二、六军团发来了电报，行指挥红二、六军团之实。

然而，贺龙、任弼时、关向应根据二月中共中央军委的指示和遵义会议精神，结合自己所面临的实际情况，对行动方针进行了多次研究。决定向贵州的石阡、镇远、黄平方向实行战略转移。他们吸取中央红军及六军团自己的经验教训，只要有胜利的把握，就勇敢地打仗。仗打好了，就可以修整，就可以扩大红军。按照这样的行动方针，红二、六军团从桑植出发，以出其不意的神速行动，连续突破澧水、沅水封锁线，六军团迅速东渡资水，先后占领了新化、锡矿山、蓝田等地；二军团相继夺取辰溪、溆浦、浦市镇，从而控制了湘中的最富裕、人口最多的广大地区。部队在这里积极开展各种革命活动，宣传党的抗日反蒋主张和红军救国救民的宗旨，发动群众，没收豪绅地主的财物。人民群众对红军的行动及其为国为民的宗旨，有了较好的认识，不到十天，就有几千人参加红军，还筹集了大批粮款。关向应带领红军政治干部，开展群众工作，经过宣传和发动，一些年轻人参加了红军，使部队得到了新的补充。

→ 乌江岸与渡金沙江

★★★★☆

（33 岁）

1936 年 1 月 19 日，贺龙、任弼时、关向应等人在石阡开会，研究部队行动。其时，红二、六军团面临的根本问题，就是摆脱敌人 15 个师的围拢，而寻找能够建立新的根据地的地方。基于这样的考虑，会议决定继续西行，到乌江以西、长江以南的川、滇、黔广大地区去活动，相机建立新的根据地。

在乌江两岸转战过程中，关向应率领红六师秘密地向西南方向急进，直取贵阳以西的乌江上游鸭池河渡口。部队到达指定地点后，任弼时主持召开省委会议，贺龙、关向应等参加，共同商定以这一地区为中心，创建川滇黔边革命根据地，与进入川西的红一、四方面军相互呼应，扼制西南诸敌，坚持长江南岸斗争。随之，宣传群众，动员群众，在群众中播下了革命火种，开展统战工作，收到很好效果。

经过多次战斗，尤其是过乌蒙山历时近一个月的战役，红二、六军团边走边打，行进数百里。一路上艰苦备尝，险象环生，是这支部队长征开始以后规模最大、条件最差，战胜敌人最漂亮的一次战役。从而，显示了贺龙、任弼时、关向应高超的指挥能力。

红二、六军团渡金沙江，是因为张国焘的一份电报。张国焘的本意是想让红二、六军团听他

▽ 金沙江

的指挥，在他的控制之下。而此时，红二、六军团不明白为什么要渡金沙江，但当时以为要他们渡金沙江，与红四方面军会合是中共中央的意图。他们开会决定北上，开始长征。

为了实现党的总任务和完成艰苦的长征，关向应在红二军团非常重视加强党对部队的领导和发挥连队党支部的战斗堡垒作用。长征前，关向应进行了一系列的政治思想工作和组织准备工作，亲自召开各种形式的会议，抓行军中政治工作的落实，建立各种政治保障组织，调整和补充各级政治工作干部。根据新的任务和部队出现的新问题，有针对性地对干部、战士反复进行政治动员和思想发动，做深入细致的思想工作。长征途中每当地区变换、敌情变化或遇到艰难险阻，他总以高昂的战斗激情和必胜的信心，向干部战士讲述全国的政治形势，讲党和红军的光荣使命，讲革命征途上有利条件和困难，用部队中英雄模范和革命先烈的事迹教育部队，鼓舞士气，增强了战胜困难、完成战斗任务的信心。部队每到一地，关向应都要亲自召集党、团活动分子开会，进行政治鼓动，为广泛发动群众去做思想工作。他特别重视调动各级军事指挥员去做政治思想工作，同时要求政治工作干部必须学习军事技术，研究战略战术，也要会办给养，改善部队生活。

→ 爬万年雪山

★★★★★

（33 岁）

在过海拔五千多米的玉龙雪山之前，关向应领导政治工作人员，反复进行思想动员，要求大家齐心协力，千方百计，要做到不落下一个人，不丢掉一匹马。在爬雪山过程中，关向应走在队伍的后边，不停地鼓励大家振奋精神，勇往直前。队伍信心百倍地翻过了长征途中遇到的第一座大雪山。当时关向应身体不好，瘦得皮包骨头，但他依然勤勤恳恳，深入部队了解情况，解决问题。部队进入藏民聚集地区，藏民吃的酥油糌粑，很多人吃不惯，他首先学会吃，并且告诉大家："如果不学会吃酥油糌粑，雪山草地走不出去，会要命的。"关向应从长征开始，一直随五师或六师行动。这两个师是后卫，担任阻击敌人

△ 翻越夹金山漫画（黄镇）

的任务。部队来到荣成县，以为可以筹到粮食，但是，破败的县城竟没有什么人，筹粮根本就没有指望。后来，到了一个喇嘛寺，终于筹到了粮食。在这样的过程中，关向应突出做到两点：一个是做好指战员的思想政治工作；另一个是注意做好群众工作，尤其是进入少数民族地区之后，他教育干部战士，要尊重少数民族的风俗习惯，搞好民族团结。为取得群众的信任与支持，提供了有力保证。

→ 与张国焘斗争

★★★★★

（33 岁）

在红二、六军团到达甘孜地区前夕，张国焘由于南下失败，西进不利，在中共中央和共产国际代表的一再敦促下，不得已才收起他自立"中央"，挂出了西北局的牌子。但他仍旧不顾党和革命的利益，违背红军广大指战员的意志，继续坚持其分裂主义态度。张国焘在红二、六军团到达甘孜的时候，关向应发现张国焘派人前来散发《干部必读》。这种印在经文纸背面的小册子，散布谣言。关向应对张国焘派来的人说，你们讲话可以，只能讲西北的自然情况，讲过草地的经验，不准讲攻击党中央的一个字，不准进行有损于党和红军的活动。关向应还立即亲自通知各部队：张国焘派人送来的《干部必读》不准下发，全部封存；张国焘散布的谣言亦不得在二、六军团传达。

关向应和贺龙、任弼时等军团领导同志，看到张国焘的阴谋分裂活动，听了朱德、刘伯承的介绍，才知道电令二、六军团北上不是中共中央的意图，而是张国焘妄图控制他们共同反对中央，进行的分裂活动。朱德对他们说，对这件事，他和刘伯承并不担心。因为他们知道，红二、六军团是坚强的，不会跟着张国焘跑，会师只会促使张国焘北上，所以也积极赞成。贺龙、任弼时、

△ 张国焘在两河口会议上虽表示同意党中央的北上方针，但红一、红四方面军于8月分左、右两路军北上后不久，他即提出改变北上方针，擅令左、右两路红军立即南下。图为红一方面军一部。

关向应等领导同志更加清楚了张国焘的阴谋，同朱德、刘伯承、徐向前等一起，同张国焘分裂党、分裂红军的活动进行了坚决斗争。还由贺龙出面，向张国焘要人要枪，把由一方面军第九军团改称的三十二军，巧妙地要到红二、六军团这边来，减少了他所控制的力量。

张国焘的分裂阴谋破产以后，又提出召开党的会议，要讨论"一、四方面军问题"，企图从组织上胁迫二、六军团同意他的反党路线。在贺龙、任弼时、关向应等领导同志的一致反对下，张国焘的阴谋又被击败。

后来，召开了二、六军团和四方面军干部联席会议。在中共中央的正确领导下，由于朱德、任弼时、刘伯承、贺龙、关向应、王震、卢冬生等坚决拥护党中央北上路线，维护两支部队的团结，这次会议一致通过了两支部队共同北上的决议，使张国焘借口还要筹粮需要在西康继续逗留拖延北上的企图，又一次破产。

在同张国焘的斗争中，关向应和朱德、任弼时、贺龙、刘伯承、徐向前等站在一起，坚决反对张国焘分裂党分裂红军的罪恶行径，旗帜鲜明，立场坚定，深得指战员的敬佩。

→ 过草地

★★★☆☆

（33岁）

草地究竟是个什么样子，据《关向应传》，对草地有这样的描述：

"举目一望，茫茫无边，一片草野。在草丛上面笼罩着阴森迷蒙的浓雾，不辨东南西北。人们只能依靠从黑云里露出的微弱的阳光，方能辨别前进的方向。"

简单说来，在草地上，是很难辨别方向的。接下来，还有这样的情形：

"草丛里河沟交错，积水泛滥，水呈淤黑色，散发出腐臭的气味。"

"脚下是一片草茎和腐草结成的泥潭，踩到上面，软绵绵的，忽闪闪的，用力过猛就会陷下去，拔不出腿。只能选择草根较密的地方，如履薄冰、小心翼翼地极其艰难地前进。有的地方没长青草，往往是无底深渊。骡马一旦掉进去，惊慌地想爬起来，结果越陷越深，人也无法搭救，很快就完全没顶。可恶的泥潭却又若无其事地恢复了原来的样子。"

如果在草地上一时半会儿过不去，也就只好在草地上宿营。然而，草地这样的情形，又没有帐篷，风雨一来，衣服湿透，地面尽是水，只能泡在水里盼着天亮。可是，每当熬过一个饥寒交迫的夜晚，离开宿营地继续前进的时候，有的战士就长眠在这块营地上了。

这就是草地，这就是红军战士在过草地时的实际情形。

关向应在部队行动之前又一次召开党的活动分会议和支部领导干部会议，进行紧急动员，号召部队充分做好过草地的各种准备。在他的领导下，各师、团部分别进行了不同形式的思想鼓动工作，反复向指战员说明战胜草地困难的政治意义，并且发动大家研讨克服困难的具体办法。

部队进入草地之后，关向应仍经常跟随后卫部队行进。面对饥饿，关向应告诉大家野草有多少种、怎样吃法。以后野菜也都被先头部队采集光，后卫部队连野菜都找不到了。在断粮的日子里，关向应的身体更加瘦弱，他穿着一件破烂的灰军衣，背着一条空荡荡的干粮袋，和战士一起边走边谈，鼓励他们战胜困难。部队宿营了，他却忙于深入连队了解情况，进行思想政治工作，有时总指挥给他一袋挂面，他一回到师部，就把挂面分给大家吃。他一个人几天的干粮，往往一下子就分光了。随

后的日子，他和战士们一样，也靠野菜充饥。他帮助战士打草鞋，并发动老战士帮助新兵打草鞋。

关向应关心别人胜过关心自己。一路上，他继续把马让给病弱的战士骑，自己步行。他对战士们说，病弱的同志，"都是忠实于革命的，只要他们还能走一步，就要拖他们走"。他要求部队各级领导机关加强收容工作，务必保证全体指战员都能顺利地走出草地。

关向应嗜烟，纸烟抽完了，他就抽草烟和兰花。后来就抽茶叶末子。四方面军送给他一顶帐篷，休息的时候，他就把警卫员、炊事员、饲养员和一些生病的战士，统统叫进帐篷，小小的帐篷挤得满满的。

经过雪山草地的艰苦折磨，关向应的健康受

到严重损害。贺龙根据关向应的身体状况，和他一起行军，遇到上坡或者攀崖，贺龙总是大步上前，然后回过身来，伸手拉关向应一把。有时，贺龙还笑着说："伙计呀，上！加油哩！"

已经断粮几天了，前面仍然是茫茫的草地。关向应和战士们一样，每天只喝一点野菜汤。他看着战士们的脸，一个个全都是青里透黄，有的人已经开始浮肿。剧团训练班的孩子们，有的竟饿得哭了起来。面对这样的情形，关向应一面安慰战士和剧团的孩子们，一面派人去找只羊来。他对孩子们说："我们不是没有办法的，我们派出去寻找羊的同志，明天一早就会回来的。给养不够，我们一定设法调剂、补充。"听了关向应的话，孩子们破涕为笑。其实，他的这种做法，与"望梅止渴"如出一辙。以后，在行军中一遇到困难，听到有人哭泣，这些红小鬼就学着关向应的口气，慢条斯理地说：

"哭有什么用呢！慢慢想办法，会有希望的。"后来，终于搞来了羊，给剧团训练班的孩子们送去。在饥饿和死亡威胁面前，关向应像慈母一样，把党的关怀带给每个战士。

经过四十多天的艰苦奋战，二方面军终于要走出草地了。后卫部队的战士来到了靠近草地边缘的包座，见到了一座庙宇，掩映在苍松翠柏之中格外好看。战士们想走近看一看，这时，他们看见关向应站在庙门前，正和几个四方面军掉队的干部谈话。关向应见后卫部队上来了，对他们说："这座喇嘛寺里的粮食，全是给你们后卫留的。刚才，贺总亲自站在庙门口，劝过路的部队不要进去。贺总不住嘴地劝那些缺粮的同志说，后卫部队走在最后，收容了掉队的同志，那都是伤病员呀，不光是二方面军的，还有四方面军的。这庙里的粮食一定要留给他们！不过，说老实话，前面同志的肚子里，也是一粒粮食也没有啊。他们经过庙门口，往里看一眼，虽然没有看见粮食，怕也是直吞口水咧。"后卫部队的同志听了，眼泪禁不住滚落下来。

→ 团结的重要

★★★★☆

（33岁）

1935年11月19日至1936年10月23日，红二方面军总计历时349天，行程18640里，跨越湘、鄂、川、黔、滇、康、青、甘八省。会师时二方面军实力为一万一千多人。毛泽东、周恩来后来在一封电报中高度赞扬了他们为中国革命"尚保存有伟大力量，前途无量"。

其实，二方面军终于突围长征，不仅经历了与围追堵截正面敌人殊死的搏斗，也经历了与夏曦为首的"左"倾冒险主义和张国焘分裂党、分裂红军、另立"中央"的斗争。同时，他们经历了过雪山的艰辛困难，也经历了过草地的生与死的严峻考验。严酷与复杂的斗争经历告诉他们，只有团结一致，只有与敌人、与党内的"左"右倾错误斗争，只有用坚忍不拔的毅力，战胜一切艰难险阻，才能取得长征的伟大胜利。因此，后来在抗日战争时的一次高级干部会议上，关向应专门作过长篇讲话，说明全党全军团结的极端重要。

1937 年 5 月 2 日至 14 日，中共中央在延安召开有苏区、白区和红军代表参加的党的全国代表会议。关向应和贺龙出席了这次会议。毛泽东在会上作了《中国共产党在抗日时期的任务》和《为争取千百万群众进入抗日战争民族统一战线而斗争》的报告。

同时，关向应给斯诺留下了深刻印象。他在《续西行漫记》一书中这样记述道：

无产阶级出生的三个政治委员，幸而个个都恰巧来延安过几天，当我在那里的时候，贺龙的政治委员关向应，东北人，是一个矮小而强壮的满洲纱厂工人，曾一度做过上海同业协会的头脑。他留着整齐的小髭须，一边抽纸烟，一边告诉我关于贺龙的一切——虽然他不愿费时间来讲他自己的事。他非常严肃而拘谨，不像其他大多数的人，似乎不大具有幽默性的。

华北战场上

(1937-1940)

→ 关向应印象

★★★★☆

（34 岁）

卢沟桥事变发生的当天，关向应、贺龙参加了中共中央召开的军以上干部会议。会议讨论了卢沟桥事变后的形势，研究红军拟改编为国民革命军及改编后的政治工作。会议结束之后，关向应、贺龙立即赶回红二方面军，召集会议传达红军高级干部会议精神。

1937 年 8 月 22 日，关向应和贺龙出席在洛川召开的中共中央政治局扩大会议。这次会议是在抗日战争爆发之初中央召开的一次重要会议。这次会议明确指出，中国的政治形势已经开始了一个新的阶段，这就是实行全国全民抗战的阶段。当前的中心任务是动员一切力量争取抗战的胜利，同时完成争取民主的任务。毛泽东在会议上所作的形势与任务的报告中强调指出：在国共合作抗战的新形势下，中国共产党一方面要团结国民党、中央军及地方实力派，积极推动他们拥蒋抗日；另一方面，要提高警惕，坚持统一战线中的独立自主原则，在政治上、组织上保持共产党的独立性，以免被蒋介石吃掉，重蹈第一次国共合作失败的覆辙。关于抗日战争的指导方针，鉴于抗日战争的持久性、艰苦性，以及蒋介石企图驱使红军开赴前线充当炮灰的险恶用心，毛泽东主张以游击战为主，运动战为辅，提出了独立自主的山地游击战方针。当时有一部分同志主张以运动战为主，红军全部出动，开上前线多打几个漂亮仗。毛泽东根据当时的敌情和我军的力量，主张只出动三分之二的兵力，留下三分之一，保卫陕甘根据地，防止国民党搞名堂。出席会议的绝大多数同志同意毛泽东的意见。会议决定在敌后抗日战场上的作战方针，基本是独立自主的山地游击战，但不放松有利条件下的运动战的战略方针。关向应在会上作了简短的发言，明确表示同意毛泽东的意见，坚决拥护中央全面抗战的正确路线和军事指导方针，赞成红军迅速出师抗日，尤其拥护在抗日民族统一战线中坚持独立自主的方针。

洛川会议上成立了十一人组成的中共中央革命军事委员会，毛泽东为主席，朱德、周恩来为副主席，贺龙被选为委员。8月23日，中共中央政治局又决定成立由九人组成的中共中央军委前方分会，朱德为书记，彭德怀为副书记，关向应和贺龙均任军分会委员。

8月25日，毛泽东、朱德、周恩来发布命令，任命贺龙为国民革命军第八路军一二〇师师长，萧克为副师长，周士第为参谋长。由于国民党的干预，红军改编时取消了政治委员，将政治部改称为政训处，关向应被任命为政训处主任。同年10月，中共中央决定恢复政治委员和政治部，关向应改任一二〇师政治委员。中央书记处决定由贺龙、关向应、萧克、甘泗淇、王震组成一二〇师军政委员会，以贺龙为书记。

根据日军已经侵占北平、天津，并且正沿着平绥线向西进攻，南口和张家口的国民党军队已经撤退到永定河、洋河南岸一线的实际情况，中央军委决定首先以一一五师、一二〇师开赴晋东北，在恒山山脉地区待机行动。一二〇师的一部分留在陕北，师主力由贺龙、关向应率领，于9月3日从庄里镇出发，经韩城的芝川镇东渡黄河，到同浦路的侯马车站，乘火车北上，9月17日到达榆次。

部队继续北进的时候，郭明秋在太原见到了关向应，她在回忆中写到对关向应的印象：

在这地方的一间屋里，我看见关向应同志和彭真同志肩膀挽着肩膀走了进来。……关向应同志中等身材，人瘦而精神；上唇上边留着乌黑整齐的短胡须，灰色军帽下，双眉浓重，目光炯炯；身穿一身半旧的和军帽颜色相同的军衣，腰扎皮带，脚蹬布鞋，腿上打着绑带；浑身上下，干干净净，整整齐齐；走起路来迅速敏捷；和彭真同志开起玩笑来也幽默大方。这一切都显得他特别精明练达。

▷ 彭真

　　从这里可以看出，关向应虽然一向严肃，但并非为一贯不苟言笑的人，并不是像斯诺在《续西行漫记》中写的"似乎不大具有幽默性"。

　　关向应的内心，燃烧着火一样炽热的革命热情。他的家乡久遭沙俄和日寇的践踏蹂躏，九·一八事变以后整个东北三省都沦为日本帝国主义的殖民地。外国侵略者的骄横残暴，家乡父老所经受的凌辱苦痛，在关向应的头脑里留下了深刻的烙印，随之萌发了推翻侵略压迫者的思想，在心中燃起反抗复仇的怒火。九·一八是国耻日，也恰恰正是关向应出生的日子。关向应曾与萧克说：

　　"这种背景，不能不反应在情感上。我也曾有这种情况，1926 年我读胡适翻译英国拜伦的《哀希腊歌》，读后很感动……九·一八后，背诵其中诗句就引起更大的同情心直至涌出悲伤之情了。"

可见故土的沦陷，民族的忧患，一直使关向应内心有种压抑的感觉。而今，卢沟桥的炮声唤醒了沉睡千年的祖国大地，终于爆发了全民奋起的抗日战争，当关向应和贺龙亲自率领大军奔赴山西战场打击日本侵略者的时候，他的心情自然是异常激动的。他的干净利落，他的精神，他的走起路来迅速而敏捷，都与他异常激动的心情有着直接的、不可分割的关系。

→ 创建晋西北根据地

★★★★☆

（34 岁）

贺龙、关向应根据毛泽东的指示，率领三五八旅于 9 月 28 日到达神池地区集结；三五九旅到达忻县后归前总指挥，开到五台地区活动。一二〇师师部到达神池县义井镇，当天就召开了军政委员会议，讨论挽救时局的措施。

这时，日军由张家口进占大同后，已经占领了雁北与同蒲路两边的全部县份。一二〇师的任务是协同友军，打击敌人，发展晋西北游击战争，建立晋西北与雁北的根据地。会议由三五八旅七一六团团长宋时轮以该团二营为骨干，组成独立支队，北出长城，到雁门关以北敌占区开展游击战争，迟滞敌人向神池、宁武的进攻。师主力分成两个支队，一个支队于内长城边上朔县的利民堡，其任务是消灭由平鲁向朔县前进的敌人。10月3日，日军侵占宁武城，贺龙、关向应下令另一个支队占领宁武侧后的摩天岭，威胁宁武城。同时决定，为了改变晋西北的混乱局面，稳定动荡不安的人心，由关向应从部队抽调一批人员组成地方工作团，开展地方工作，广泛发动群众，组织抗日武装。

正当一二〇师主力在前方节节胜利的时候，驻雁北的日军集中日伪军万余人，于1938年2月下旬，进犯晋西北根据地，乘机侵占宁武、神池、五寨、岢岚、偏关、河曲、保德七城；侵入南线的日军一部，炮击我军河防阵地，有渡河进犯陕甘宁边区之势。敌人的真实意图是要占领晋西北各县，逼迫中国军队退出山西。毛泽东看到了这一点，电报指示一二〇师，应集中兵力，打击日军一路，以打破其围攻计划。根据毛泽东的命令，贺龙、关向应即率师主力星夜赶回，冒着漫天的飞雪，翻越冰

▷ 关向应与贺龙在晋西北

冻的山岩，有的指战员穿着草鞋，两个昼夜强行军三百余里，迎击进犯之敌。经过二十多天的血战，攻克岢岚、五寨、神池、宁武四城，迫使保德、河曲、偏关的敌人不得不全线撤退，日军围攻晋西北的计划被彻底粉碎。这次战役胜利，保卫了根据地广大人民的生命财产，稳定了晋西北的局势，保障了陕甘宁边区的安全，扩大了中国共产党和八路军的影响，为晋西北抗日根据地的创建打开了一个新局面。

八路军发扬工农红军的革命传统，既是战斗队，又是工作队，在执行战斗任务的同时，在晋西北大力开展了群众工作。1937年10月1日，关向应根据师军政委员会会议决定，率领师政治部大部和师直属机关及教导团抽调的人员七百余人到岢岚，组成地方工作团分赴兴县、岚县、静乐、岢岚、五寨、保德等县开展群众工作。同时，关向应受中共中央北方局委托，组成晋西北临时区党委，统一领导晋西北及绥远地区党的工作。

一二〇师工作团分别前往各县，广泛宣传中国共产党的《抗日救国十大纲领》和抗日民族统一战线政策，动员人民群众参加抗日。在当地动委会和牺盟会的协助下，积极肃清散兵游勇，安定社会秩序，稳定群众情绪。关向应率领工作团开展地方工作时，群众观点强，工作作风细致，对干部关怀备至，处处给人们留下了深刻的印象。

有一次，关向应见到岚县动委会的干部，很细心地询问了当地情况和县动委会工作情况后，对他们说："晋西北的上层政权仍在阎锡山手里，他十分害怕我们发动的农民减租减息运动。你们要放手发动群众和组织农民开展减租减息运动，如果农民发动不起来，抗战就得不到胜利。同时还要注意维护统一战线。利用公开合法的地位和权力去团结最大多数的人来参加抗战。"关向应通过战动总会、牺盟会进行扩军，不到一个月的时间，就动员了两万多人。按照分配计划，既分配给八路军、新军各部门，也分配给晋绥军各部队。

贺龙、关向应本着统一战线中的独立自主原则，冲破了蒋介

◁ 贺龙、周士第、关向应、甘泗淇在雁门关视察敌情

石每个师两个旅、每个旅两个团的限制，将这个时期扩大的新部队编入一二〇师序列，使三五八旅和三五九旅都发展成三个团的建制，还成立了一二〇师独立第一支队。到 1938 年底，由战前的8227 人发展到 29162 人，扩大了三倍多。

→ 挺进大青山

（35—36 岁）

　　一二〇师挺进大青山，建立大青山抗日根据地，是根据毛泽东同志的指示，也是贺龙、关向应早有考虑，并想很快解决的重要问题。

　　大青山属阴山山脉，绵延于绥远省中部。绥远位于华北的西北部，东与察哈尔相接，南与晋西北和陕甘宁边区相连，西与甘肃、宁夏接壤，北与蒙古人民共和国毗连。土地面积为两万多平方公里。开辟大青山抗日根据地，对牵制日军向大西北的进攻，打通与苏蒙两国的国际交通以及将来实行对日反攻，都有极其重要的战略意义。

　　根据贺龙、关向应对大青山地区的调查了解，根据毛泽东的指示，贺龙、关向应立即组建大青山支队。大青山支队和中共大青山地区特委、战动总会晋察绥边区工作委员会等经过充分准备，要在 8 月初出发，挺进大青山。关向应亲自布置战斗任务。他向部队指示说：

"开辟大青山抗日根据地具有特别重要的战略意义，不但可以沟通我晋察冀、晋西北抗日根据地与陕甘宁边区的联系，而且还能控制平绥沿线的广大富饶地区。"他又说：

"国民党军队把绥蒙大片国土丢给了日寇，我们要再从日寇手中夺回来！在日寇铁蹄践踏下的 300 万蒙汉同胞，正等待我们去解放哩！"

他还要求大家：只要时刻遵循党中央的指示，放手发动群众，紧密地团结各族人民，就一定能够克服任何困难，走向胜利。

大青山支队经过一个月的艰苦跋涉，胜利到达大青山与杨植霖等率领的蒙汉游击队会合。从 9 月初到 12 月底，经过英勇作战，就在大青山和满汉山地区开辟了绥南、绥西、绥中三块游击根据地。他们打退了敌人的进攻，建立了各级动委会，镇压了汉奸，消灭了土匪，安定了社会秩序，初步开展了群众工作和蒙民工作，成立了农民救国会等群众组织和自卫队、地方武装，扩大了中国共产党的政治影响，八路军的声威大震。

一二〇师开进山西战场四个月来，师主力南出晋中平川，北上大青山，东至平西，在敌后广大地区内发动了群众，开展了游击战争，开辟了抗日根据地，缩小了敌占区，为进一步发展与巩固敌后抗日根据地打下了基础。

△ 第二战区民族革命战争战地总动员委员会晋察绥工作委员会及随行人员北上大青山前在山西岢岚合影。

党的六届六中全会，基本上克服了王明的投降主义路线，更进一步肯定了毛泽东为代表的正确路线。在贺龙、关向应主持下，一二〇师军政委员会召开会议，传达党的六届六中全会精神，并结合实际认真总结了经验教训，提高了认识，统一了思想，加强了团结，为进一步加强对敌斗争、巩固与扩大抗日根据地建设，以及执行新的战略任务，奠定了坚固的思想基础。

关向应坚持独立自主的原则，对晋绥地区的统一战线工作作出了重大的贡献。他善于做统战工作，一二〇师到晋西北后，他看清了友党友军的情况，以为要把晋西北建立为抗日根据地，除加强本身工作外，首先是做好统一战线工作。他以一二〇师师政委和党员身份，除指导晋西北区党委加强党的组织工作和充分发动群众外，还积极帮助第二战区战地总动员委员会的组织和工作的开展。他通过国民党左派续范亭及秘密工作党员南汉宸两位社会名流，团结这些军队，推动他们进步。但对他们又有区别，对阎锡山部主要是团结联合，对傅作义部还帮助其扩大，对以统一战线名义出现而由我党领导的决死纵队，则促其发展。

→ 巩固华北的重要策略

★★★★★

（35-36岁）

1938年12月20日，关向应与贺龙率领一二〇师主力由岚县出发向冀中挺进。关向应亲自带领一个骑兵连行动，身边只有两个干部。他们经常夜晚行军，冒着刺骨的寒风，在敌人密集的据点之间穿插。他谨慎机智地带领部队前进。每到一个宿营地，总是首先把敌人的情况、下一步的行军路线调查清楚，亲自布置任务。就连部队宿营住房等具体问题，他都亲自指点，一丝不苟。一切安排就绪，他就坐在灯下看书，不愿浪费一点时间。这时的关向应，虽然精神可以，但已经很消瘦。早起行军，他总要先步行三五里。他还经常告诉骑兵营长，要教育战士爱护马匹，不要一出门就骑，上下山要下来。

关向应和贺龙率领部队开进冀中后，接连获得多次大胜利，日寇震惊，汉奸胆寒。1939 年 8 月，一二〇师主力在冀中的八个月中，在贺龙、关向应的统一指挥下，同冀中军民一起击退敌人的三次围攻，进行了大小战斗 116 次，共歼敌 4900 余人，粉碎了日寇在青纱帐起之前消灭或驱逐一二〇师的计划，打退了国民党顽固派的进攻，巩固了冀中抗日根据地。一二〇师也得到了很大发展，到 1939 年 10 月，已经从东渡黄河时的 8227 人增加到了 47991 人，扩大了近五倍。

➔ 着力带起新部队

★★★★★

（35—36 岁）

关向应从一二〇师抽调一批干部，组成工作组到新成立的三纵队，利用战斗空隙帮助整训部队、训练干部，举办政治指导员、锄奸干部和敌工干部训练班，使第三纵队组织、思想、制度、作风和战斗力等方面都得到了加强。

要把游击队改造成为主力部队，实现正规化、"八路化"，是异常艰巨、复杂的工作。由于历史的原因，当时冀中军区有些部队，尤其是有些部队的某些上层人物，因其阶级出身不同，政治面貌各异，在整编训练过程中，冀中军区限于条件，改造这些部队，首要问题是把上层人物团结好，促进他们政治上的进步，然后才能采取组织措施，进行改编。当时，关向应、贺龙、甘泗淇就这个问题，商量了几条办法：在团结问题上，一要表扬他们的抗日行动，不要因为他们的某些缺点而否定他们，这是团结他们的基础；二是对他们的批评一定要谨慎；三要加强对他们的引导，主要是引导他们学习毛泽东的游击战争的战略战术。在改编部队问题上，一是上层领导人不变；二不是一二〇师吃掉他们，而是把一二〇师的部队编给他们；三是下面干部成分不纯需变动者，必须通过他们，征得他们的同意。关向应和贺龙把主要精力用在上层人物的工作上。

这些上层人物从不同的出身，转变为共产党员、八路军的高级指挥员，都曾经历了艰难的思想改造历程，各自作了刻苦努力。但是，他们的进步变化同贺龙、关向应的悉心帮助是分不开的。这些上层人物的改造成功，推动了整个部队的成长，加速了正规化的进程。经过几年的战火锻炼，冀中军区拨给一二〇师的几个支队，都成了一二〇师的主力团队。

同时，一二〇师还在各地积极动员广大青年参军，使部队有了很大发展。

→ 统战工作

★★★★★

（37岁）

关向应非常重视对冀中社会情况的调查研究，经常指派随行人员进行农业调查，研究租佃关系、群众负担情况，做群众工作。他们搜集来的材料，尽管有些肤浅、零碎，关向应都仔细进行研究，并选择可取的材料提供给地方工作同志参考。他常说："许多同志不了解民族斗争与农村民主斗争的结合，不知道离开反封建的斗争，基本群众便发动不起来，而没有广大人民的支持，抗战便不会胜利。"他有一句警句，即"不忠实于阶级，即不能忠于民族"。每逢谈起统战工作的时候，他常强调阶级立场。他说：

"很多同志不了解统战中的阶级斗争，所以不能掌握团结与斗争统一的方针，没有经过土地改革的同志，很难认识反动派的本性，不知道那些家伙是吃肥了就不认人的，稍有不慎，就会叫人家把自己统掉了啊！"

其实，关向应关于阶级与民族之间关系的论述，不仅是理论上的，也是从实际出发，有针对性的。也就是说，他的观点是有所指、有的放矢的。柴恩波叛变事件，很能说明这个道理。

柴恩波是冀中军区独立第二支队司令，曾在北洋军阀吴佩孚的军队里当过连长。这个人利欲熏心，混进革命队伍后，嫌官小，总想拉队伍自立门户。他受新镇县伪县长王宗祺和国民党顽固派张荫梧的策动，暗中接受国民党委任的师长职务。1939年2月，柴恩波公开叛变，虽经我方耐心争取，他仍执迷不悟，坚决与人民为敌。关向应与贺龙态度明确：柴恩波的叛变，是三纵队的内部问题，消灭柴恩波与国共关系问题无关。只打了几个小仗，就平息了这场叛变。

柴恩波叛变引起的教训，关向应和贺龙马上提出了几条善后措施：

第一，就此事的性质进行广泛的宣传解释，安定人心；第二，以汉奸罪名逮捕叛乱主要组织者，不准捕捉附和者和家属；第三，对叛乱者的处罚，统一由抗日政府处理，任何人不得擅自行事。

这些措施保证了部队和群众的安定。柴恩波事件不但没有引起情绪波动，反而使冀中区的领导者从中吸取教训，认识了整训部队的必要性和紧迫性。

　　后来，张荫梧公然派出三千人马进入冀中根据地，抢占安国、博野、蠡县等地，大肆屠杀共产党员、抗日干部和进步群众。八路军忍无可忍，进行反击，将其全部消灭。张荫梧贼心不死，趁火打劫，乘日本鬼子"扫荡"冀中根据地的机会，亲自带领顽军三个旅，偷袭八路军的后方机关，残杀八路军官兵四百多人。贺龙、关向应指挥一二〇师部队协同冀中军区部队将顽军分割包围，一举将其消灭，俘虏二千五百多人，张荫梧仅带着几名亲信侥幸漏网。

　　关向应在当时撰写的文章中，详细地论述了粉碎张荫梧顽军进攻的必要性及其对于巩固冀中抗日根据地的重要意义。结论是：张荫梧走的是反对人民解放事业的罪恶之路；张荫梧是反共反八路军，帮助日本侵略者的。因此，"不管张荫梧主观上怎样，客观上是做了挑拨离间分裂国共团结，制造裂痕，破坏抗战的罪恶者，他起码是间接被日寇所利用。敌后抗战更进入残酷阶段，如果不粉碎破坏的阴谋，就不能保证坚持冀中游击战争之开展。"

➔ 纠"左"与经济工作

　　关向应重视晋西北根据地的建设工作。
1940 年 4 月，他在兴县主持召开一二〇师政
治工作会议。他在这次会议上的讲话中，号
召各部队要积极参加晋西北根据地的经济建
设，强调在整训中要对部队进行长期建设晋
西北的思想教育。他说："部队没有巩固的抗
日根据地作依托，以及对根据地进行长期的
政治、经济建设，则无法存在。根据地之巩
固与建设，亦依赖部队之支持，部队与根据
地之有机联系已是不可争议的事实，故部队
对根据地所负之建设责任，决不能漠视而不
关心。"同时，他还批评了忽视根据地建设、
不关心党的各项方针政策和不顾群众利益的
错误倾向。其实，他在讲话里不仅提出了问

题，而且还提出了解决问题的具体措施：第一，为了保障部队给养供应和战略需要，师部从全师抽调三百多干部，组成十几个工作团，分赴各地参加根据地建设。第二，要求团以上干部在领导部队参加根据地建设的同时，要教育党员、干部学习掌握党的政策，教育部队要严格遵守抗日政府颁发的各种法令，虚心听取地方的意见。

许多年来，由于山西顽固派的掠夺和敌人的摧残，晋西北根据地的经济遭到了严重的破坏。同时，国民党政府又停止了对八路军抗日经费和作战物资的供应，致使西北财政经济异常困难。由于存在这些严重的问题，导致难以支持敌后的长期作战，抗日军队和党政人员的衣食都成了严重问题。因此，工作团下去，就是要解决这个迫在眉睫的问题。

经过深入的宣传动员，全区共献金180万元，参军者1500人，动员军鞋12万双，缴纳救国公粮10万石，基本上完成了预定任务，有力地支援了战争和根据地的建设。

但在完成这项工作任务的过程中，出现了"左"倾蛮干的现象，产生了一些违反政策的行为。

关向应和贺龙等领导同志认真研究了中共中央、毛泽东对晋西北根据地的两次重要指示，联系晋西北的具体情况，研究如何引导全党从长期坚持斗争着眼，坚决执行党的统一战线政策和其他各项政策，尽快地克服因受"左"倾思想影响以及在根据地建设中发生的各种违反政策的严重错误。因此，先后召开了晋西北区委第一次地委书记会议、晋西北行政公署第二次行政会议，会议传达、讨论中共中央、毛泽东两次重要指示，纠正统一战线中"左"的错误，总结根据地建设中的经验教训。在这次会议结束的时候，关向应到会讲话，他勉励大家，在经济上首先要解决群众的吃饭和穿衣问题，在政治上要执行好党的统一战线政策。他嘱咐大家，回去后一定要深入群众，倾听群众的呼声，工作要讲究实际，要特别注意做好统战工作。他在地委书记会议上的报告中指出：

"晋西北是华北与西北联系的枢纽，这个战略意义是我们所熟知的，自从晋西北的形势转变以来，敌人已经组织了两次战役扫荡，企图摧毁它。一二〇师和新军在反扫荡中英勇地尽了保卫晋西北的责任，可是这不等于巩固了晋西北，如果没有长期的建设打算，只顾眼前，不顾将来，只顾消耗，不顾建设……非但眼前困难不能克服，困难日深，必会陷于自杀的境地。"

其实，关向应所谓的"自杀"，不仅指晋西北经济建设上不去所导致，也有"左"的倾向导致的必然恶果。

多年以后，康世恩回忆起他在晋西北根据地

工作时的情形说：

我们这时还很幼稚，在群众情绪的影响下，头脑也发热起来，于是乎就在太原周围，敌人的鼻子底下公开大张旗鼓地建立起平原抗日根据地来。每个村子的民主政权是公开活动的，民兵是公开活动的，各种抗日群众团体也是公开的，就连各小学的教员也公开宣传抗日和教唱抗日歌曲，报纸也公开发行，宣传抗日。我们的举动，引起敌人经常不断的进攻，致使我们不少村干部、民兵和小学教员牺牲了，造成了不应该有的损失。1940年9、10月间，关政委发现了这个问题不对头，就在我到后方开会时，专门叫我去汇报。那时我还很得意，把我们如何轰轰烈烈建立平原抗日根据地的事，讲得有声有色。

关向应耐心地听完了康世恩的工作汇报，然后给他讲了一个鸭子浮水的故事。康世恩不懂这个故事的意思，而关向应告诉他：鸭子浮水，上面平静得很，而它的两只脚却在水里面拼命地划动，这就叫鸭子浮水。因此，关向应对康世恩进一步说："必须立即潜伏下去，保存力量。你不要忘记，你们八分区在反对顽固派斗争以后，还担负着一项很重要的任务，就是担负着党的秘密交通线工作。"就这项工作，关向应向康世恩提出了具体要求，既有利于工作，也保护了同志。

经过关向应、贺龙与中共晋西北党委深入细致的工作，纠正统一战线中的"左"倾错误，形势有了明显的变化，争取了逃亡的富户、中间分子和知识分子，干部威信有所提高。政权建设有了新的起色，体现了统一战线政策，财经工作和敌占区的工作也都取得了一定成绩。因此，中共中央转发了晋西北的工作经验，并向各地党委指出："晋西北区根据去年12月中央关于策略指示检查部署工作，在其报告中有很多经验，特摘转各地以供参考。"

➡ 瓷盆和辣椒面

★★★★★

（37岁）

关向应非常注意部队的群众纪律。供给科长拿了房东一个瓷盆儿准备洗脚，被关向应发现了，他马上制止了他的行为，并对他说：

"这里是游击区，常受敌人的烧杀破坏，人家好容易保存下来一个盆子，你给洗脚了，他们就不能用了，还是送回去！"部队行军，踩坏了群众的庄稼，关向应知道了，一面批评部队，同时派人调查,拿钱赔偿农民的损失。

这事给这位干部很大的启发，以后每次接触群众的时候，总要先考虑一下是否侵犯群众的利益。关向应住在老乡家里，正好对面的一间房里安了一盘石磨。从早到晚，老乡不停地推磨，石磨嗡嗡嗡的响声不停，影响关向应的工作和休息。警卫员多次向关向应请示，要想办法动员老乡把石磨移到别处去。他坚决不同意，而且耐心地对警卫员讲解部队群众纪律的重要性。有一天中午，村民李成海正在那间房子里磨辣椒面，辣味一直冲出房子。院中哨兵被呛得不舒服，要求老乡把磨房门关上，老乡不干，两人为此争吵起来。关向应听见，就对卫兵严肃地批评说：

"你站在院里还怕呛，人家在房子里，不比你呛的厉害么？你应当处处为群众着想，才是一个革命的好军人。"

卫兵很惭愧地认了错，并向老乡道歉，平息了这场风波。李成海深为感动地说：

"国民党军队打人骂人，八路军和和气气，战士错了，首长还叫给咱赔礼。关政委真是个好人！"

关向应时刻注意加强群众纪律，密切军民关系，保持人民军队的传统。他常对干部说，抗战中涌进来许多新战士，他们不了解红军的光荣传统，应该特别加强部队的纪律教育。他还亲自讲授红军时代的政治工作条例，以为人民服务的思想教育指战员，要一切从人民的利益出发，不要脱离群众。当部队派工作团帮助地方开展工作，或是有些干部下到基层工作的时候，关向应便谆谆告诫他们，下去组织老百姓，训练自卫队，千万不要抱着去教训老百姓的观点，要和老百姓打成一片，不要让群众讨厌，不要侵犯老百姓的利益。

有个部队动员老乡用牛驮粮食，被关向应碰见了，他便让老乡将粮食卸在司令部里，并亲切地安慰老乡，请他们把牛拉回去。然后他把部队负责同志叫来进行批评，责令他派部队自己背运粮食。

有一次，司令部在蔡家崖住的时候，关向应遇到一个部队干部没有经过地方政府，自己直接动员群众用担架抬伤员，对群众态度粗暴，便带那干部一起回到司令部，教育他注意群众纪律，尊重地方政府，还写信给他所在部队的负责人，要他们继续对他进行教育。

关向应不仅要求指战员严格，对自己更是如此。有一次，炊事员给他煮了两碗大米饭，关向应就是不吃。他说："在这样困难的条件下，大家都吃的是小米，我不应当一个人特殊。"结果还是把这两碗大米饭给大家分着吃了。他就是这样，在极其艰难的长征路上给大家分吃贺龙送给他的挂面；在晋西北和大家一起吃黑豆；行军路上和大家一起吃小米，真正做到了与群众同呼吸，共甘苦。

关向应在生活上始终保持艰苦朴素的本色。

他的一条被子，从土地革命时期一直用到抗战时期。他没有枕头，而是用一个包着换洗衣服的包袱代替。衬衣，不是灰色就是草绿色，他从不穿白色的，怕的是勤务员难洗。

关向应对妻子在生活与工作上要求也很严。洗脸洗脚水一定要她自己去打，不要让勤务员或警卫员伺候。关向应还鼓励妻子去地方工作，而不要留在自己的身边。他妻子的工作单位无论离关向应的驻地有多远，也无论是白天或是在黄昏，都徒步往返。他们这种朴实得与普通人一样的夫妻关系，给一二〇师和地方干部留下了很好的印象。

→ 重病染身

★★★★☆

（37岁）

1940年秋天，关向应被肺结核病击倒了。中共中央以及毛泽东对他十分关注，要他回延安疗养。

关向应回延安不久，日军就开始对晋西北进行规模空前的冬季扫荡。这次扫荡，日军动用总兵力达两万多人。在三十七天的扫荡中，敌人所到之处，浓烟蔽日，火光冲天。九万人的兴县，仅这一次就有一千三百八十四人被日军杀害。日寇的杀人手段残暴已极，除刀劈、枪击以外，还有火烧、水煮、填井、投河、活埋、剖腹、狗咬等残酷的手段。不论男女老幼，一旦被发现，无一幸免。敌人进占兴县城后，一次捕捉老幼妇女二百余人，关闭屋内烧死。兴县的岔儿上村，共有二十余户，被杀七十余人，其中许多人家断绝炊烟。紧靠黄河东岸的一个山村，村里有户七口之家，只剩下一个小孩活了下来。有的村庄竟被日寇斩尽杀绝，鸡犬无存。敌人凶残的烧杀抢掠，给根据地的人力、物力、财力造成了巨大的损失。

关向应想到被扫荡的晋西北，听到不断传来的晋西北人民被敌人残酷烧杀的消息，他怎么能在病床上躺得住呢？1941年初，他不顾逐渐加重的病痛和医生的劝阻，又回到了前方。

回到晋绥边区的关向应，立即投入了工作，他夜以继日地辛劳，使本来日渐沉重的肺病更加重了。有一次，接连开了四五天会议，他被累吐血了。党组织强要他住到黄河西岸的谷府县属彩林村的军区医院疗养。他虽然重病在身，仍不停地阅读电报、看文件，时刻挂念着前方的战势，经常给在前方的贺龙写信，提出各种建议供他参考。师部来人看望时，他总要问师长身体如何、外出时是谁跟着去的、带了哪些警卫员、乘的是哪匹马，样样都要问到。

前方缺医少药，关向应又是个不甘在病榻上躺着的人，因此，在彩林村疗养几个月，不但未见好转，病情反而愈加沉重了。他这才听从组织的劝告，彻底放下工作，再度前往延安治疗。任弼时曾经惋惜地说："1940年他初患肺病到延安，如及时注意休养，或可治好，但他因关怀前方战事，坚决要求回晋西北工作，以致后来沉疴不起。"

1941年10月初，贺龙亲自到彩林村送走了关向应。他人虽然到了延安，心还留在晋绥，头脑里时刻萦绕着前方的战争与建设，经常挂念前方的战友。

对抗日文艺的贡献

(1940—1946)

→ 对根据地文化建设工作深刻的认识

★★★★★

（37岁）

1940 年初，关向应和贺龙率领部队回师晋西北之后，在重视根据地政治、经济建设工作的同时，按照毛泽东同志《新民主主义论》的重要思想，把根据地文化建设适时地提到议事日程上来。

1940 年 3 月 26 日至 28 日，在临县窑头村举行了晋西北戏剧工作座谈会。与会代表约三十人，代表地方和军队的十二个戏剧团体。这次座谈会要解决的问题有两个，一个是讨论并明确工作方向问题，另一个是酝酿成立晋西北剧协分会的问题。其实，这也是为晋西北文联的成立做准备工作。

在座谈会上，关向应作了长时间的讲话。他根据毛泽东《新民主主义论》的理论，阐述当前晋西北戏剧工作的方法和任务。他说：

"毛泽东同志从中国的社会性质，说到中国的文化，提出了新民主主义的文化，从历史的发展说明了今天文化发展的方向，基本上解决了抗战以来提而未明确，或做而无政治上自觉的状况。……根据毛泽东同志的理论，应为新民主主义现实主义。这是我们发展的方向。毛泽东同志还提出鲁迅所走的路，就是中国新文化发展的方向，即无产阶级领导下的，人民大众的，反帝反封建的文化。……毛泽东同志所提出的，正是我们今天文化运动的方向。"

关向应说："我们今天是新民主主义现实主义。现实主义用哲学来讲，就是唯物的、客观的，以唯物的观点反映客观现实，使我们的创作能生动有力。我们处在敌后，不在延安与重庆，如我们写四川，就不了解情况，即使拿上望远镜也望不到高跟鞋。要了解敌后的现实，认识它，研究它，写这一现实，否则是不会成功的。"

关向应对敌后社会性质、阶级关系等方面作了精辟的阐述，如新民主主义与殖民地化的斗争；进步的敌后方与落后的大后方的斗争等等，通过事实，用真实的材料进行逐一分析之后，提出了"这些斗争反映在文化运动上如何"的问题。由此，他认为：

"文化运动要为大众服务，为抗战服务。如不能把敌后看透，我们的作品就不会成为现实的东西。现实是客观的、唯物的、具体的。把握住这个规律，我们就可以把握现实。……基础就在这里，离开这，便没有根据。而这现实同时也是发展的、变化的。这就是新民主主义现实主义在敌后的运用。"

摆事实，讲道理，是说服人最好的方法。关向应同志是深谙这种方法的，因此，他在为抗日根据地的文艺工作者指出文艺工作方向的时候，就是采取这样循循善诱的方法，如同剥笋一样，从最外边一层剥起，一层一层地剥来，当把外边的全都剥去之后，使人们终于看到了里边真正的货色，而对付真正的货色，究竟该怎么办呢？于是，关向应告诉大家：

"反映现实就得深入现实，不这样很难产生好的作品。我们的作者从某种程度上讲，与现实联系得还不够密切。要多参加实际斗争。如过封锁线，第一次过的多数过高估计了危险，过一次后便知道了。经历过，实践过，便得到更高的认识。《陈庄战斗》这个剧目的失败，原因就在这里。战士看了，认为舞台上的士兵是流氓无产阶级，因为演员们没有军事知识和经验。"

有方法，有途径，有正面的肯定，也有实实在在失败教训的例子举给人们看。通过这一段话，使人们认识到，只有深入实际，只有真切地了解现实，才能创作出反映现实生活的东西。没有吃过梨子，当然不可能懂得梨子到底是怎样的滋味，而尝过梨子了，也就懂得梨子究竟是怎样的味道了。这是强调实践重要的道理。同时，他还指出了晋西北根据地文化建设工作的有利条件，他说：

"从文化建设来说，我们这里所需要的，与延安、大后方不一样，干部、战士需要的全不一样。我们要创造、建设晋西北的新文化，从长期观点看文化建设。"

关向应的讲话，澄清了当时意识形态领域出现的许多模糊观念，对解决晋西北根据地戏剧工作中存在的问题，引导晋西北戏剧运动健康发展，对新民主主义文化运动的方向，对晋西北根据地文化建设的方针，都提出了富有远见卓识的意见。

这次座谈会之后，5月初晋西北文代会在兴县举行时，正式成立晋西北剧协并举行戏剧公演。歌剧团响应关向应在座谈会上提出的号召："联合公演的剧本最好自己写，发扬创作的积极性"，一面参加战斗，一面进行创作演出。战斗剧社编演了《叛变之前》《汾离公路》和《一万元》等反映反顽斗争和四大动员情况的剧目，深受观众的欢迎。

⟶ 战斗剧社是瑰宝

人们常说："贺老总有三宝：亚五亚六（指三五八旅七一五、七一六团）、战斗篮球队和战斗剧社。"有的说："一二〇师有三好，仗打得好，球打得好，戏演得好。"从中可以看出，战斗剧社向来是贺龙心目中的瑰宝，关向应也为它的成长倾注了大量的心血。

关向应不但关心战斗剧社的发展方向，关心他们的剧目安排，也关心他们的生活、学习，关心他们的成长。剧社每次演出新剧，他都亲自到后台同演员们研究问题。

成荫 1938 年底在剧社任导演不久，就随部队进军冀中。那里战斗频繁，异常紧张艰苦，经常在硝烟弥漫的战争环境中演出、工作。由于操劳过度，他的肠胃病严重发作，关向应亲自带他去找白求恩大夫诊治。成荫恢复健康后，工作的劲头更足了。关向应到剧社看排练新编的《平原游击舞》，听说在剧社担任编剧工作的莫耶钢笔尖摔坏了，第二天，就有人给她送来一支新钢笔，说是贺老总和关政委送给她的。莫耶受了感动，创作的积极性更高，很快写出了优秀的剧本。

关向应的手头有些文学书籍，借给剧社的同志们阅读，为很多年轻同志的文学修养打下了坚实的基础。

战斗剧社在艰险的环境中坚持为前线的指战员演出外，还在两个多月内排出四幕话剧《八百壮士》、七场歌剧《农村曲》和新型歌剧《平原游击战舞》等几个规模较大的节目。由于《农村曲》这个戏演出效果好，关向应专门就此剧的成就和经验，向剧社作了一次《关于戏剧民族形式问题》的报告，剧社人员经过认真的讨论，提高了对有关问题的认识。剧社这次在冀中地区历时八个月，创作上取得了丰硕的成果，改变了以往依靠外来剧本的局面。

→ "战争，是应该去看看啊！"

★★★★☆

（38—42 岁）

关向应对延安鲁艺的文艺工作者们说：
"战争，你们是应该去看看啊！战争是什么？
战士是明明知道那里是死，然而却要向那里
冲去。"其实，稍有常识的人都懂得，关向
应同志所说的应该去看看"战争"，无非是要
文艺工作者懂得，究竟什么是战争，在你死
我活的对敌斗争中，我们的战士，究竟是怎
样的表现。没有直观的感觉，没有亲身体验，
是无法创作好战争题材的文艺作品的。

青年木刻家李少言曾得益于关向应的关
怀与帮助。李少言从小就喜欢画画。他坚持
刻苦自学，逐渐掌握了绘画的技艺。抗战初期，
他跟一位老版画家学习木刻。李少言给贺龙
和关向应当秘书之后，喜欢木刻的爱好，得

到了贺龙和关向应的热情鼓励和积极支持。李少言用了一年左右的时间，刻了组画《一二〇师在华北》，共约一百幅。

李少言的这套木刻画，关向应和贺龙几乎对每一幅画都提过意见。关向应把李少言刻完的每一幅作品，都拿去贴在自己的房子里，反复观看。除对这些作品分别提出意见，还同他谈到民族遗产的问题，强调指出，中国的新兴木刻应多接受一些本民族的优秀传统。有一次，在行军作战的间隙，关向应还特别领他到一个庙里观看墙上的壁画，讲解民族绘画的特点。关向应说：中国画善于用很简练的形式表现丰富的内容，很讲究意境。关向应比较喜欢组画中的一幅《露营》，描绘几个八路军战士和几匹马，夜宿于月明星稀的原野。战士紧抱着枪坐着打盹，埋头吃草的马儿也未卸鞍，随时准备战斗。抒情、安静的画面蕴藏着紧张。他认为这幅画很有意境。夜深人静，人马于行军与战斗之后在村头歇息的情景，能够使看画的人产生很多的联想。

贺龙有丰富的社会经验，根据他对生活的了解，常对李少言的作品提出精到的意见。有一次，他看了李少言的一幅骑马的画稿说："这个骑马的人，骑的不是地方；常言道：马骑前背牛骑腰，驴骑屁股左右摇。……作画应当仔细观察，不能只凭自己的想象。"还有一次，贺龙指着另一幅画面说："你的马腿没有画对。马走起来，四条腿是交叉的。"他用四个手指比划着，给李少言留下了深刻的印象。

1941年春，关向应和贺龙成全李少言的心愿，同意他到木刻工厂和《抗战日报》美术科从事美术工作，发挥他的特长。李少言从一个普通的美术爱好者成为一个成绩优异的画家，是从关向应和贺龙的激励、扶植与支持开始的。李少言深有感触地说："生活在哪里就把哪里当做我的学校，在长时间的边工作、边学习、边创作中，我逐渐懂得了一些艺术知识，走上了木刻工作者的道路。回顾这段经历，一开始走上美术工作的岗位就在党的领导下，在毛泽东思想的指导下，是我最大的幸福。在关政委和贺师长身边工作的时候，他们所给予我的亲切关怀和指点，我铭心镂骨，是永远不会忘记的。"

向党告别

（1946）

→ "不要紧，我还会活下去！"

★★★★★

（43岁）

关向应得肺病，长达五年。在与疾病作斗争的日子里，充分体现了他的顽强、镇定和信心。

1945年7月，他第一次出现肠胃不好的症状，日夜不能安眠。医生向他解释，这是由于一时消化不好。关向应说："那就不要紧，自己会好起来的。吃了一次大亏，以后知道吃东西注意了。"病情稍有好转，关向应在同苏联医生阿洛大夫聊天时，谈到了当时的国际形势，关向应对抗战满怀信心、精神抖擞地说："中国人民一定要胜利的，非胜利不可！"他那兴奋的神色，完全不像一个病情沉重的人。

日本投降之后，他满怀信心地告诉即将

奔赴前方的同志说：

"我的病不久就会好的，我还准备打回东北老家去，我们将来在白山黑水间再会。"他在同病魔拼搏的漫长岁月里，始终充满着革命乐观主义精神。

医生针对关向应的肺病已到晚期、高烧不退等实际情况，给他用盘尼西林治疗，当时这种药比较稀少，又非常难得，他担心自己用得多，会影响他人治疗。大夫让他放心用药，其他重病人也是有的。他的病情有些好转之后，他笑着说："好啊，以后要努力工作，报答这些盘尼西林呢！"

1946年5月底，他的嗓子痛得连一口水也咽不下去，无法讲话，疼得汗珠像涌泉似的往外冒出。尤其是肋膜开刀以后，疼得睡不着觉，看护的人都不忍看下去。疼得厉害时，医生打止痛的麻醉药也不能消除，他却始终咬紧牙关忍受，毫不呻吟，毫不畏惧，从没流露过任何悲观情绪。他说：

"我如果不是共产党员的话，早就会用自杀来结束这种痛苦，但是我还要作最后的挣扎，熬过了这个苦痛，我还要为党工作十年到二十年。"

不管病情怎样恶化，他的言谈仍很乐观，一直满怀信心，向往着能够早日回到工作岗位上继续战斗。他总觉得自己还年轻，病几年不要紧，将来还能补偿起来。他常说：

"孔子说：'三十而立，四十而不惑。'这话是有道理的，人只有过了四十岁，才能真正做些事情。就算我再病上两年，再开始工作，那还不晚。"可惜病情日益恶化，他的意愿终未能实现。他的左肺由于脓胸，已经完全萎缩；右肺的病灶，发展很快，将近一半已经坏了。当他想到不会完全恢复健康的时候，也没有颓丧。他说，如不能够东奔西跑做军事工作，还可以做些别的工作，还可以写些东西。他说："前次萧三同志来了，我和他讲，我将来做你的那一行吧！实在的，我也很愿意写些东西。"熟悉他的同志们都知道，他是很有写作才能的。直到最后，他的左手已经浮肿起来，他还是镇定地说："把左手锯掉，有一只手照样可以做事的。"

他依靠自己的坚强意志，就这样顽强地同死

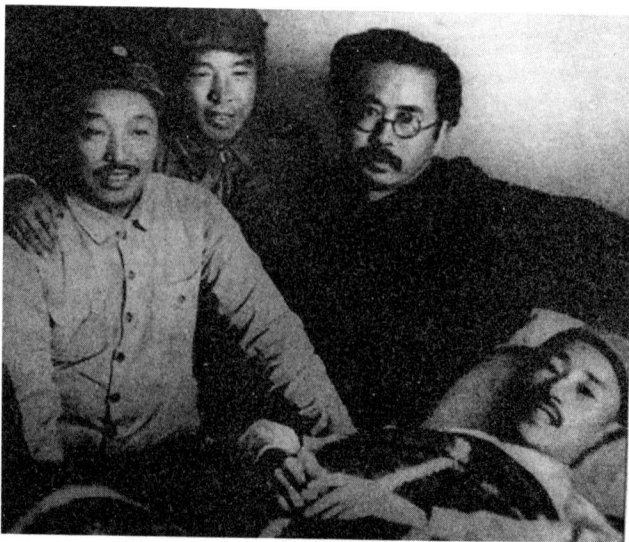

◁ 1942年春，任弼时与贺龙、彭真等探视病中的关向应（右起关向应、任弼时、彭真、贺龙）。

亡搏斗了整整五年。直到停止呼吸前 5 分钟，他还在说："不要紧，我还会活下去！"

→ 向全党的告别信

★★★★★

（43 岁）

关向应虽然坚决地表示过，哪怕就是坐在担架上，也要参加中国共产党的第七次全国代表大会。然而，他的肺病骤然加重，根本无法参加了。他意识到病魔随时可能夺走自己的生命。于是，他在会议召开的第二天，为大会送去了他的向全党的告别信。

这封信，是他在病重时写的。

他在信中这样写道：

中国共产党的经验是极端丰富的，党的七次大会必须认真地总结。从这里我们可以深刻认识中国革命和中国共产党发展的规律以及毛泽东同志的英明与伟大……（毛泽东同志是）

中国革命与中国共产党唯一正确的领导者。凡是我们遵照他的意见行动时，革命即获得不断的胜利，反之，即遭受严重的挫折。他不但已经成为全党全军所爱戴的领袖，而且已被全国劳动者和革命人民公认是自己最可信赖的领导者。因为他，在中国也只有他不但具有长期的、艰苦的、复杂的、多方面的工作和政治斗争经验与马列主义的高深的修养，具有明确的政治与组织的原则性，而且在长期的中国革命的实践中，把马列主义的普遍原理灵活地运用到中国革命的具体环境中。现在毛泽东同志领导下的党中央的总路线是完全正确的，是一定能够最

▽ 关向应故居

后战胜日本帝国主义与彻底解放中国人民的。

我在此临死之际，谨向党的领袖，谨向党的七次代表大会，谨向全党同志紧握告别之手，切望全党同志无论在任何时候，都在毛泽东同志领导下奋斗前进！全党全军应该像一个人一样，紧密地团结在毛泽东同志所领导下的中央周围，相信我们的党和中国革命是一定要得到最后胜利的。

长期艰苦的战争环境，关向应积劳成疾，1946年7月21日，在延安病逝，时年44岁。

"忠心耿耿，为党为国，向应同志不死。"这是65年前关向应逝世时毛泽东同志写下的挽词，高度评价了关向应的光辉一生。

新中国成立后，党和政府在大连市金州区修建了关向应纪念馆，以纪念这位红军和八路军的高级指挥员、我党我军卓越的政治工作者。

后　记

英雄赞歌

关于关向应的资料很多，有传记，还有当年与关向应同志并肩作战的战友以及与其共过事、有过交往的人的回忆文章或书籍等。我在阅读关向应资料的时候，不时地被他的革命经历，遭遇的艰难困苦，经历的复杂矛盾与严酷斗争而叹息。

由此，我对革命有了深刻的理解，我对关向应的革命经历与革命到底的精神，有了进一步的认识。

中国的新民主主义革命，是两个阶级之间的斗争，是无产阶级与帝国主义、封建主义、官僚资本主义之间你死我活的斗争。中国共产党领导全国各族人民，经过二十八年艰苦卓绝的浴血奋战，终于推翻了压在中国人民头上的三座大山，建立了中华人民共和国，使中国人民真正成了新中国的主人。

关向应同志在无产阶级与资产阶级的斗争中，立场坚定，旗帜鲜明，不但与正面的敌人进行殊死的斗争，也与王明的"左"倾冒险主义、张国焘的分裂党、分裂红军、"另立"中央的错误进行了坚决的斗争。革命斗争的实践，使关向应同志的革命意志更加坚韧，革命到底的决心更加坚定。

关向应同志英年早逝，是中国共产党、中国新民主主义革命斗争的重大损失。

关向应虽然早已离我们远去，但他那种革命到底的精神，却是一笔极其宝贵的精神财富，永远留给了人们。